SHODENSHA SHINSHO

なぜ、残業はなくならないのか

常見陽平

祥伝社新書

ウルトラマンの労働時間は3分だ。
いつも時間ギリギリで怪獣を倒す。
でも、本当は3分以上かかっている。
みんな、見て見ぬふりをしている。
3分だけでは地球に平和は戻らない。
たった3分でも、命を落とす可能性もある。
実際、最終回では倒された。
これは、日本の残業問題にも通じる話ではないか？

はじめに　合理的な残業に、どう立ち向かうのか？

「なぜ、日本人は残業をするのか？」

本書は、この問いに立ち向かう。「残業」にはわが国の労働社会の問題、根本的・普遍的矛盾《むじゅん》が凝縮《ぎょうしゅく》されている。「長時間労働」が社会問題化する中、「残業」を日本社会はどのように乗り越えていくべきだろうか。

2016年8月3日に発足《ほっそく》した第3次安倍《あべ》第2次改造内閣は自《みずか》らを「未来チャレンジ内閣」とし、「未来への責任」を果たすことを使命としている。その中でも「最大のチャレンジ」と位置づけているのは「働き方改革」だ。その検討事項の一つである「長時間労働是正《ぜせい》」に注目が集まっている。

この「働き方改革実現会議」が始まった二カ月後に、大手広告代理店・電通において、新人女性社員が過労自死し、労災認定された事件が明るみに出た。月によっては100時間以上の残業をしていた実態が明らかとなり、電通に対する強制捜査が行なわれ、法人と元上司らが書類送検され、社長が引責辞任するという事態に発展した。

電通においては、事件が明るみに出てすぐに午後10時以降の残業が禁止となった。メディアでも同社の汐留《しおどめ》本社ビルの灯《あか》りが一斉《いっせい》に消灯する様子が何度も放送された。これらの流れから「長時間労働」が社会問題化した。政府でも労働時間に対する規制を強化することが検討されている。

しかし、腑《ふ》に落ちない方も多かったのではないだろうか。

もともと「一億総活躍」や「働き方改革」の文脈で議論されていた「長時間労働是正」は、出産・育児・介護との両立、ワーク・ライフ・バランスの充実を視野に入れて提案されたものだ。

人間の命を守る意味でも、尊厳を守る意味でも、職場で人が死なない社会作りが大事であることは間違いない。ただ、いつの間《ま》にか論点のすり替えが、起こっていないだろうか。レベル感が違う話になっていないだろうか。過労死と過労自死も、似て非なるものである。死に至らなくても、倒れる者もいる。「長時間労働」の是正は適切に議論されているのだろうか？　その対策も妥当なのだろうか。

読者の皆様の中には、「残業」に関して本音を言いづらい雰囲気を感じている人もいることだろう。
「とはいえ、仕事の絶対量も多く、顧客からの急なオーダーもある。残業は減らせないのではないか」「大手が残業を減らそうとすると、そのしわ寄せは取引先の中堅・中小企業に行くのではないか」「残業に対して肯定的に言うと、ブラック企業礼賛《らいさん》論者だと言われそうだ」などと思っている人がいるのではないか。本書はまさに、そんな素朴《そぼく》な疑問に向き合う一冊である。

「日本企業の残業は、なぜなくならないのか?」

あえて空気を読まずに回答しよう。その答えは簡単だ。

残業は、合理的だからだ。
残業もまた、柔軟な働き方だからだ。
残業しなければならないように、労働社会が設計されているからだ。

この言葉に抵抗感のある人、いや嫌悪《けんお》感を抱く人さえいることだろう。しかし、残業は、日本における雇用システム、特に従業員の雇用契約、仕事の任せ方から考えると必然的に発生するものである。残業は、人手不足を補《おぎな》う意味や、仕事の繁閑《はんかん》に柔軟に対応するものでもある。

長時間労働は健康やワーク・ライフ・バランスを阻害《そがい》する、だから規制するべきだという論は、一見すると正論に見える。しかし、この根本的なシステムを理解しなければ、解決はできない。解決策を装《よそお》いつつも、結果として、さらなる労働強化になってしまう可能性もある。長時間労働規制のルールを守っていることを装うために、サービス残業を誘発《ゆうはつ》してしまう可能性さえある。改革と改善は違うのだ。世の中の多くの長時間労働是正策は、改善レベルである。

日本人は残業を美談化してきたのもまた事実である。日本経済新聞の「私の履歴書」「私の課長時代」などの、偉人《いじん》のライフヒストリーコラムにおいては、経営者たちが若手社員時代にいかに残業をしたかという自分語りが展開される。

2000年代前半にブームとなり、関連する書籍、DVDなどもヒットしたNHKの「プロジェクトX」は、言ってみれば「過労死・残業礼賛ドキュメンタリー」である。「情熱大陸」「プロフェッショナル　仕事の流儀」「ガイアの夜明け」「カンブリア宮殿」などの、ビジネスパーソンや企業にスポットを当てた番組だって、そうだ。このように「残業」が「美談」として紹介される側面があることも認識しておきたい。

誤解なきように言うと、私は残業を礼賛しているわけではない。思えば、自分自身が労働問題に関心を持ち、労働社会学を学ぼうと思ったきっかけも、10代の時にNHKで見た過労死ドキュメンタリーだった。

「自分がいないと職場は動かないと言っていた彼。倒れた日も職場はちゃんと動いていた」というナレーションは今でも忘れられない。その十数年後、私自身が過労で何度か倒れたが、そのたびにこの言葉は証明され、ますます驚いた。

私は、雇用・労働をめぐる問題をテーマに執筆・講演活動を行なってきた。現在は大学の教員をしているが、その前は会社員を15年間経験している。「自由な働き方」とされるフリーランスで活動していた期間もある。自ら、長時間労働も、柔軟な働き方も経験してきた。本書では、労働社会学の知識だけでなく、会社員、フリーランスそれぞれの実体験をもとに残業について論じることにする。

本書により、日本の「残業」の、憎らしいほどの合理性についての理解が深まることを期待する。「働き方改革」なる取り組みがこの「魔物」とどこまで真剣に向き合うのか、問い糾《ただ》したい。

私は職場で人が死ぬ、殺される社会には断固として反対である。しかし、残業の本質を理解せず、改革を装った偽善的な取り組みこそ労働者を苦しめるものなのだと断罪したい。

これによって日本の労働者が真に評価される日がくることを祈っている。

※なお、この本は2017年3月1日現在の情報を元に書かれている。「働き方改革」に関する政策の着地点などを追いきれていない部分があることを、お含みおきいただきたい。

目次

第3章　私と残業　79

第6章　働きすぎ社会の処方箋　

図版　篠宏行

第1章

日本人は、どれくらい残業しているのか？

日本人の労働時間の特徴とは？

この章では、日本人の労働時間に関してファクト・データ（事実情報）の確認を行なう。「残業」について議論する前提を揃《そろ》えるためだ。独立行政法人労働政策研究・研修機構の『データブック国際労働比較２０１６』、総務省の「労働力調査」、厚生労働省の「毎月勤労統計調査」などのデータを確認しつつ、日本人の労働時間を把握《はあく》するとともに、問題は何なのかを明らかにする。

最初にこの章の結論をまとめよう。

1．日本人の一人当たり平均年間総実労働時間は、１９８０年代から現在にかけて減り続けている。ただし、これは正規雇用者と非正規雇用者を合わせて集計したデータにおいてであり、正規雇用者の総実労働時間は90年代から現在にかけて横ばいである。80年代後半からの変化については、労働基準法が改正され、法定労働時間が48時間から40時間に減ったことも大きい。

2．週に49時間以上働く長時間労働者の割合が高いことも日本の特徴である。

3．労働時間をめぐる各種統計に差異《さい》があり、これらからサービス残業が存在することが推察される。
4．労働時間は男女別では男性の方が長く、業種別では運輸業、郵便業、建設業、教育、学習支援業の順に多い。
5．有給休暇が取得しにくいのも日本の特徴である。

これらが、労働時間に関する日本の特徴と言えるものである。具体的にデータをもとに説明しよう。

時短が進んでいるかのように見える日本の労働時間

日本の総実労働時間の推移を国際比較してみよう。独立行政法人労働政策研究・研修機構の『データブック国際労働比較２０１６』をもとに考える。

なお、このデータブックの特徴についてお含みおきいただきたい。国によってデータの取り方などが違うので、単純な比較はできない。あくまで傾向をつかむものとして活用する。

2014年度時点での各国の一人当たり平均年間総実労働時間(就業者)の国際比較をしたデータを確認してみよう〈**図1**〉。

2014年においては日本の一人当たり平均年間総実労働時間は1729時間であった。諸外国と比較すると、アメリカ1789時間、イタリア1734時間、イギリス1677時間、スウェーデン1609時間、フランス1473時間、ドイツ1371時間となっている。

日本はアメリカ、イタリアに次いで高い水準となっているように見える。グラフから明らかだが、メディアでは「日本人は働きすぎ」という言葉が独り歩きしているが、日本「だけ」が高いわけではない。中長期のスパンでの推移も注目していただきたい。

2000年以降の推移を見ても、高い水準で変化していない国(アメリカ、イタリアなど)、低い水準で変化していない国(フランス、ドイツなど)などが存在する。スウェーデンのように労働時間が増加している国も存在する。

〈図１〉一人当たり平均年間総実労働時間（就業者）

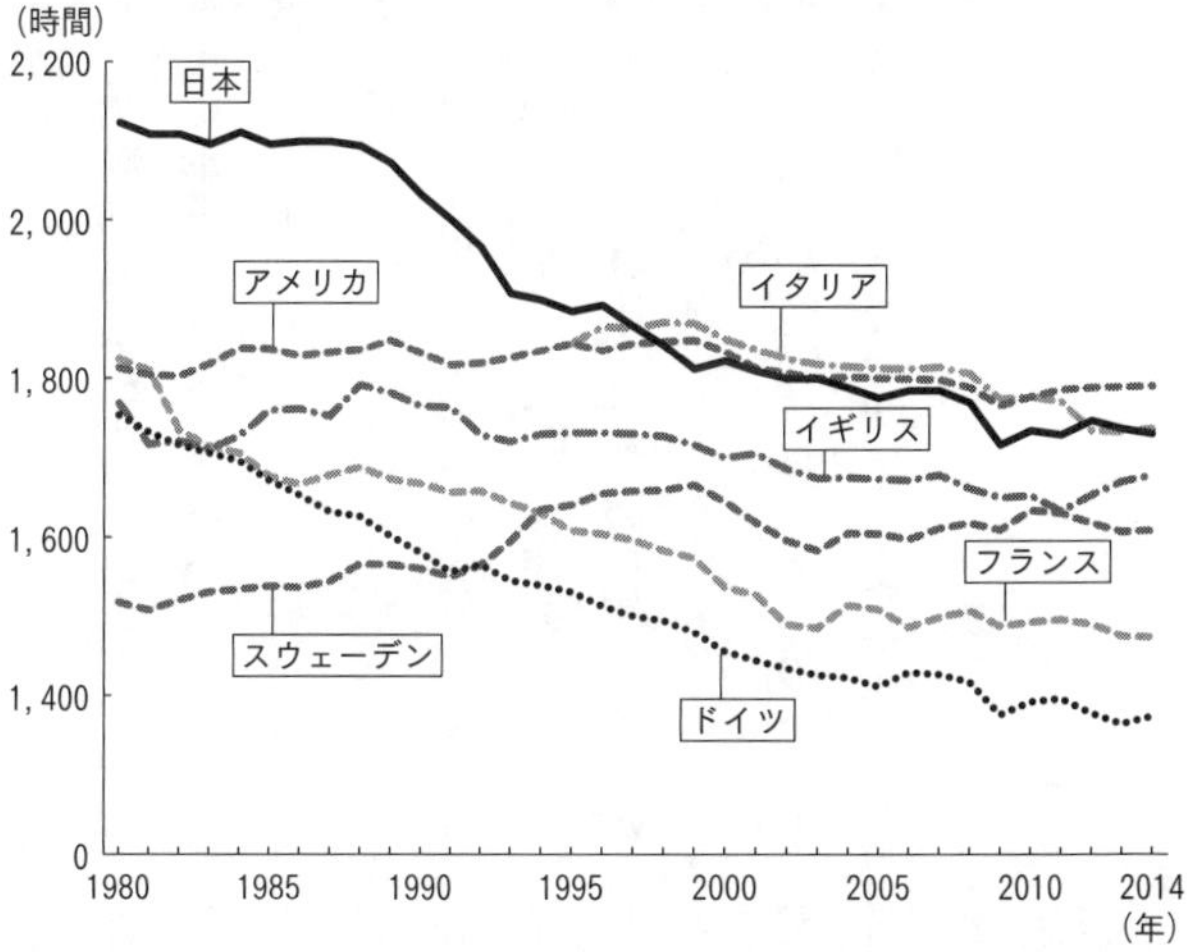

出所：独立行政法人労働政策研究・研修機構（2016）『データブック国際労働比較2016』より

１９８０年代からの推移をみると、日本の総労働時間は改正労働基準法（１９８７年改正　１９８８年施行）の影響により、減少を続けてきた。この改正で、１週間に48時間であった法定労働時間が40時間に変更されている（当面の間は46時間を認めた）。週休２日も90年代に広がった。２００９年には過去最低の１７１４時間を記録している。

２０１７年現在の日本においても「長時間労働是正」は国を挙げた取り組み事項として掲《かか》げられて

いるが、この1980年代にもムーブメントはあった。「時短《じたん》」である。言うまでもなく、長時間労働抑制のための取り組みである。

改正に影響を与えたものの一つは、「外圧」だ。日米貿易摩擦《まさつ》に起因する日米構造協議で、日本はアメリカから低賃金で長時間労働をさせているという批判を受けた。これをうけ、1987年に当時政府の諮問《しもん》機関であった経済審議会が『構造調整の指針』(「新・前川《まえかわ》レポート」)を建議し、「2000年(平成12年)に向けてできるだけ早期に、現在のアメリカ、イギリスの水準を下回る1800時間程度を目指すことが必要である」と具体的な数値目標を示したことを受けて前出の改革が行なわれた。

まとめると、イギリス、スウェーデン、フランス、ドイツなどよりも一人当たり平均年間総実労働時間は長いものの、日本「だけ」が長いわけではない。1980年代から現在にかけての30年の変化をみると、労働時間は徐々に減ってきていることがわかる。

正社員の労働時間は変わっていない

次に総実労働時間の推移を確認してみよう〈**図2**〉（22〜23ページ）。厚生労働省の「毎月勤労統計調査」をもとに議論する。１９９０年から２０１５年の推移について確認する。

１９９０年時点で２０６４時間だった総実労働時間は、２０１５年にかけてほぼ右肩下がりで減少している。１９９２年には初めて２０００時間を割り、１９９７年には１９００時間を割っている。その後も逓減《ていげん》し、２００８年には１７９２時間となり、初めて１８００時間を割っている。

２００９年に過去最低の１７３３時間となったあと、翌年に１７５４時間と微増し、２０１２年には１７６５時間となったが、その後は微減傾向である。２０１５年においては１７３４時間となっている。

日本の労働時間は減っているかのように見える。しかし、このデータは注意して読まなくてはならない。ここまで利用されているデータは正規雇用者のみのデータではなく、非正規雇用者が含まれるものとなっている。労働時間が短い非正規雇用者が増えており、これにより労働時間が減っているかのように見えるのである。

総務省の「労働力調査」によると、２０１５年時点で非正規雇用者の割合は37・5%となっている〈**図3**〉（24～25ページ）。厚生労働省が２０１５年12月に発表した「就業形態調査（２０１４年度版）」によると民間事業者に勤める労働者のうち非正規雇用者の占める割合が40・5%に達したことが明らかになった。約4割が非正規雇用という社会になっていることを確認しておきたい。

　日本における非正規雇用者の割合は、１９８４年時点で15・3%

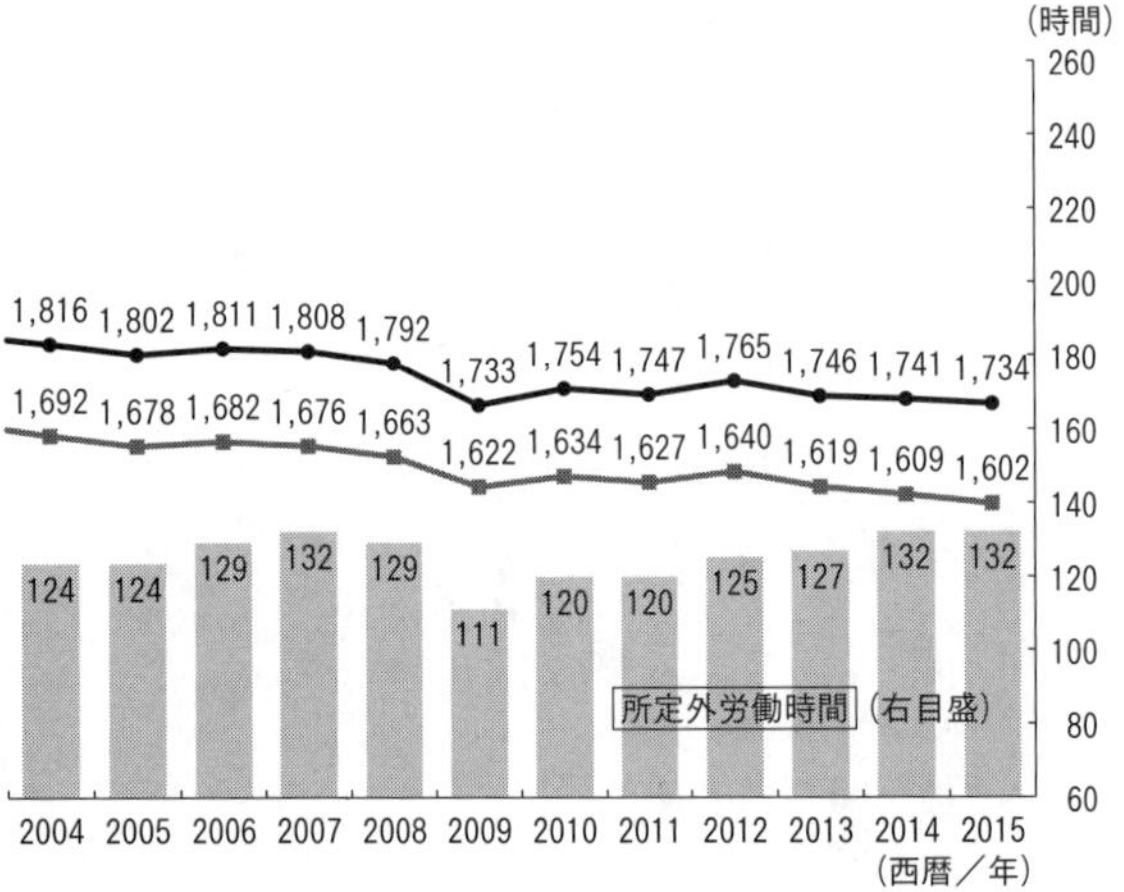

小数点以下第1位を四捨五入したもの。所定外労働時間については、総実労

〈図2〉総実労働時間の推移

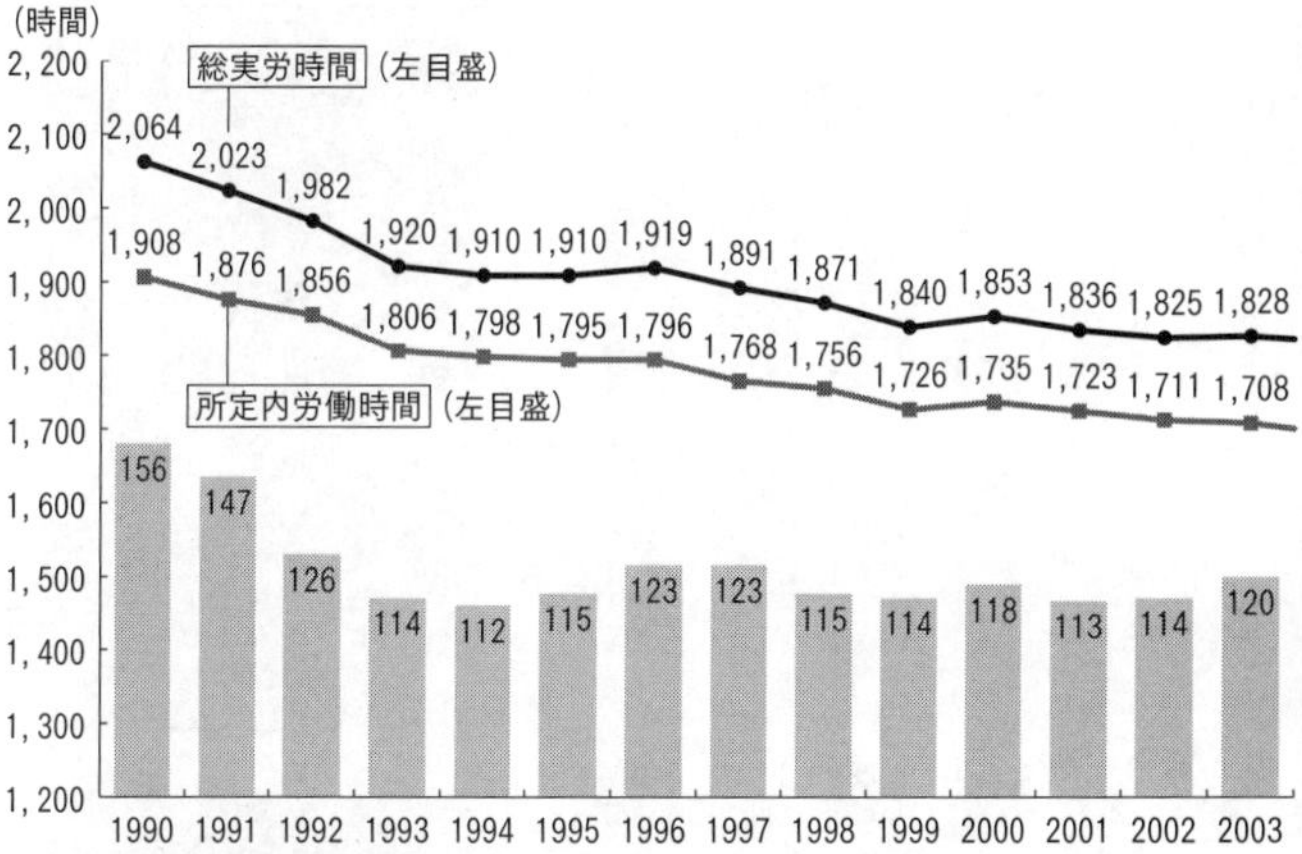

(注)1. 事業所規模5人以上。
2. 総実労働時間及び所定内労働時間の年換算値については、各月間平均値を12倍し、働時間の年換算値から所定内労働時間の年換算値を引いて算出。

出所：厚生労働省「毎月勤労統計調査」より

だったが、サービス業を中心とした非正規雇用者の活用推進、派遣法の改正などにより徐々に増加し、2000年代前半には30%を突破した。

その内訳をみると、2015年時点においてはパートが961万人（48・5%）と最も多く、次にアルバイトの405万人（20・5%）、契約社員の287万人（14・5%）と続いている。派遣社員は126万人（6・4%）だ。

なお、メディアで非正規雇用に

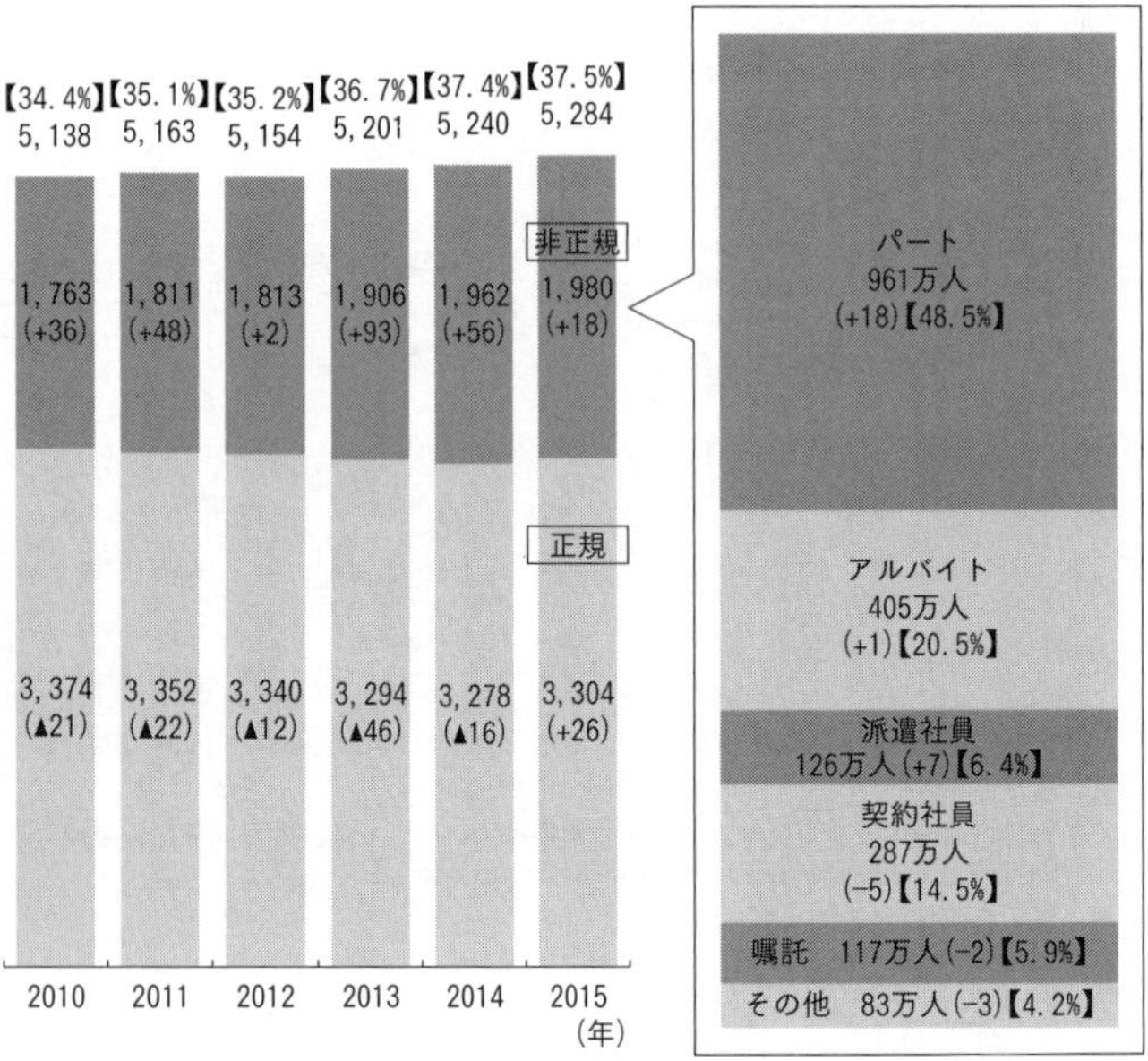

関する問題を取り上げる際は、若者を使い潰《つぶ》すブラックバイトの問題や、中年フリーター、派遣社員の正社員と比較した待遇格差の問題など、フリーターや派遣社員が取り上げられがちだが、非正規雇用者の中で最も割合が高いのは約5割を占めるパートである。

　また、正社員がコア業務をこなし、非正規雇用者が単純業務をこなすという構造には必ずしもなっていな

〈図３〉雇用形態別雇用者数及び構成比（役員を除く）【2015年】

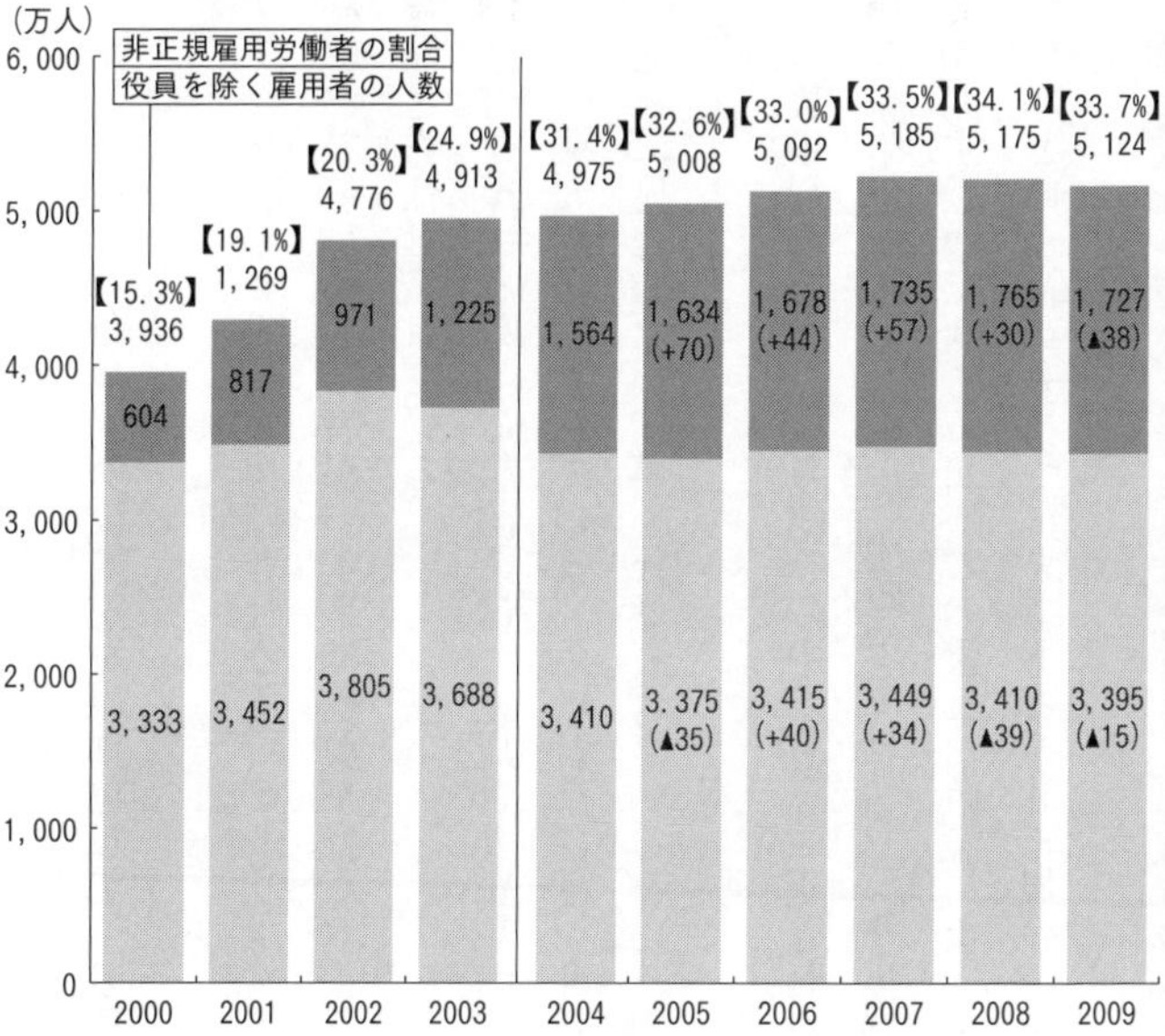

出所：総務省「労働力調査」（平成23年は岩手県、宮城県及び福島県を除く）より

いことも踏まえておきたい。『正社員時代の終焉』（大《おお》久《く》保《ぼ》幸《ゆき》夫《お》、リクルートワークス研究所協力、日経BP社）が２００６年の段階で指摘していたように、サービス業を中心に非正規雇用者がコア業務を担当するようになっている。

本来、非正規雇用の者にとっては責任が重く、従来は正社員が行なっていた業務を担当するようになっている。非正規雇用者は基幹化している。非正規雇用者を活用しているサービス業、特に飲食業や流通業においては、彼らが戦力となり、少数精鋭《せいえい》を通り越して、多数精鋭とも言える体制となっている。

ブラックバイト問題で指摘される「バイトリーダー」の問題などはわかりやすい例だろう。アルバイトの者が、本来は社員が行なうようなシフトの管理や、メンバーの教育なども任せられている。

「働き方改革」をめぐる議論では、正規と非正規の格差是正の点から「同一労働同一賃金」の導入が議論されている。その背景には、非正規雇用の者にとって、責任が重く、給料に見合わない仕事を任せられているという実態があることを、確認しておきたい。

ここ数年行なわれた取り組みの中でも、改正された派遣法をはじめ、非正規雇用者を無期雇用化することを促《うなが》す政策が目立つ。非正規雇用からより安定した雇用になるよう促すものではあるが、このような政策によって非正規雇用の持つ柔軟性が失われないかという視点も持つべきである。非正規雇用で働き続けたいという人の立場の視点も必要だ。

飲食や流通などサービス業を中心に非正規雇用者が増えているのだが、これらは長時間労働を強《し》いられている労働者が利用する便利なサービスだとも考えられる。このことが、非正規雇用者に対する雇用を生み出しているという側面も考えに含めておくべきだろう。

話を本論に戻そう。非正規雇用者が段階的に増えたことにより、労働時間の短い労働者が増えたことを考慮《こうりょ》に入れなくてはならない。総実労働時間を一般労働者とパートタイム労働者を分けて分析してみよう〈**図４**〉（28〜29ページ）。

厚生労働省の「毎月勤労統計調査」によると、１９９３年の段階で２０４５時間だった一般労働者の総実労働時間は、ほぼ横ばいで推移している。１９９６年に２００５時間とこの22年間で最高の値《あたい》を示し、２００９年には１９７６時間と２０００時間を割る。その後微増し、２０１５年には２０２６時間となっている。

一方、パートタイム労働者の総実労働時間は１９９３年に１１８４時間だったのだが、その後も年々微減傾向が続いている。２００９年には１１００時間を割り、１０

８２時間となった。２０１２年には１１０５時間と、一度１１００時間を超えるが、その後も減少し、２０１５年には１０６８時間となっている。

この間、１９９３年に14・４％だったパートタイム労働者の割合はほぼ右肩上がりで増え、２０００年には20・３％を突破している。その後も増加し、２０１５年には30・５％を超えている。

パートタイム労働者比率が徐々に増えているので、国としての総労働時間が減ったとしても、それはパートタイム労働者の増加によるものであり、一般労働者の労働時間は横ばいであるということが明らかになる。このようなデータ

比率の推移

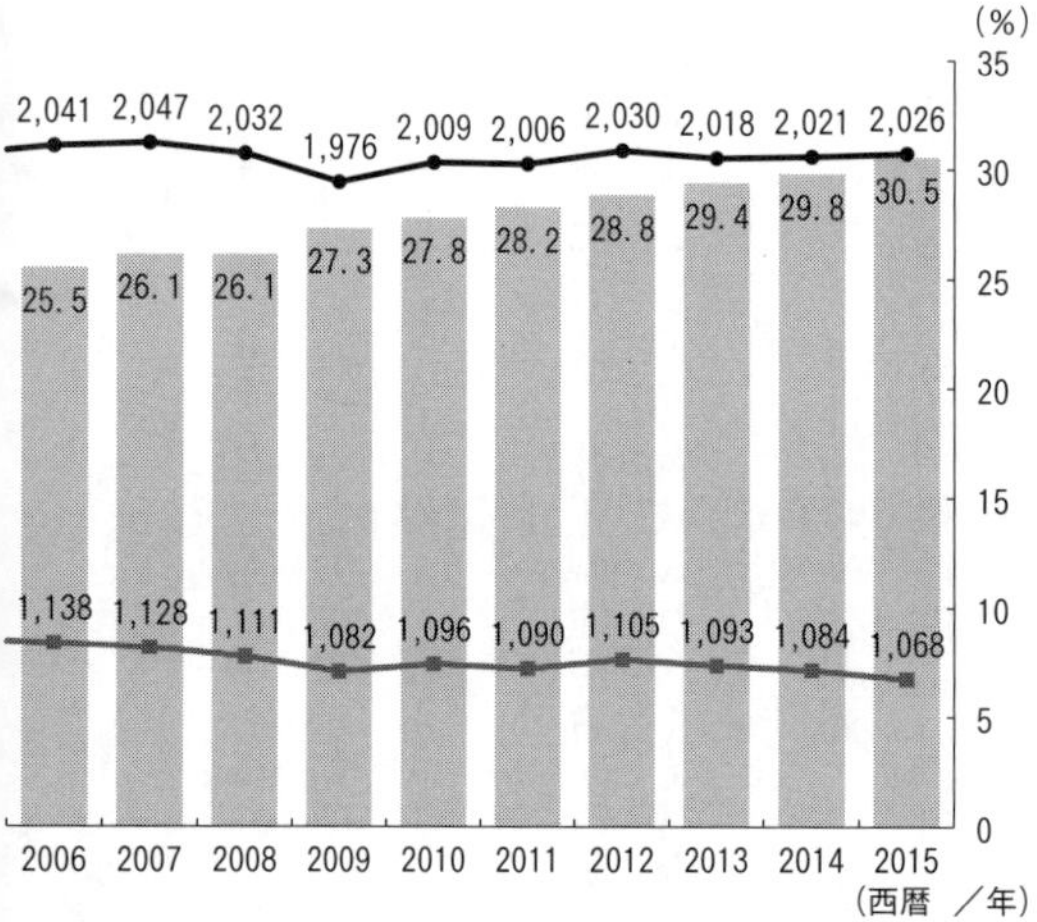

下第1位を四捨五入したもの。

〈図4〉就業形態別年間総実労働時間及びパートタイム労働者

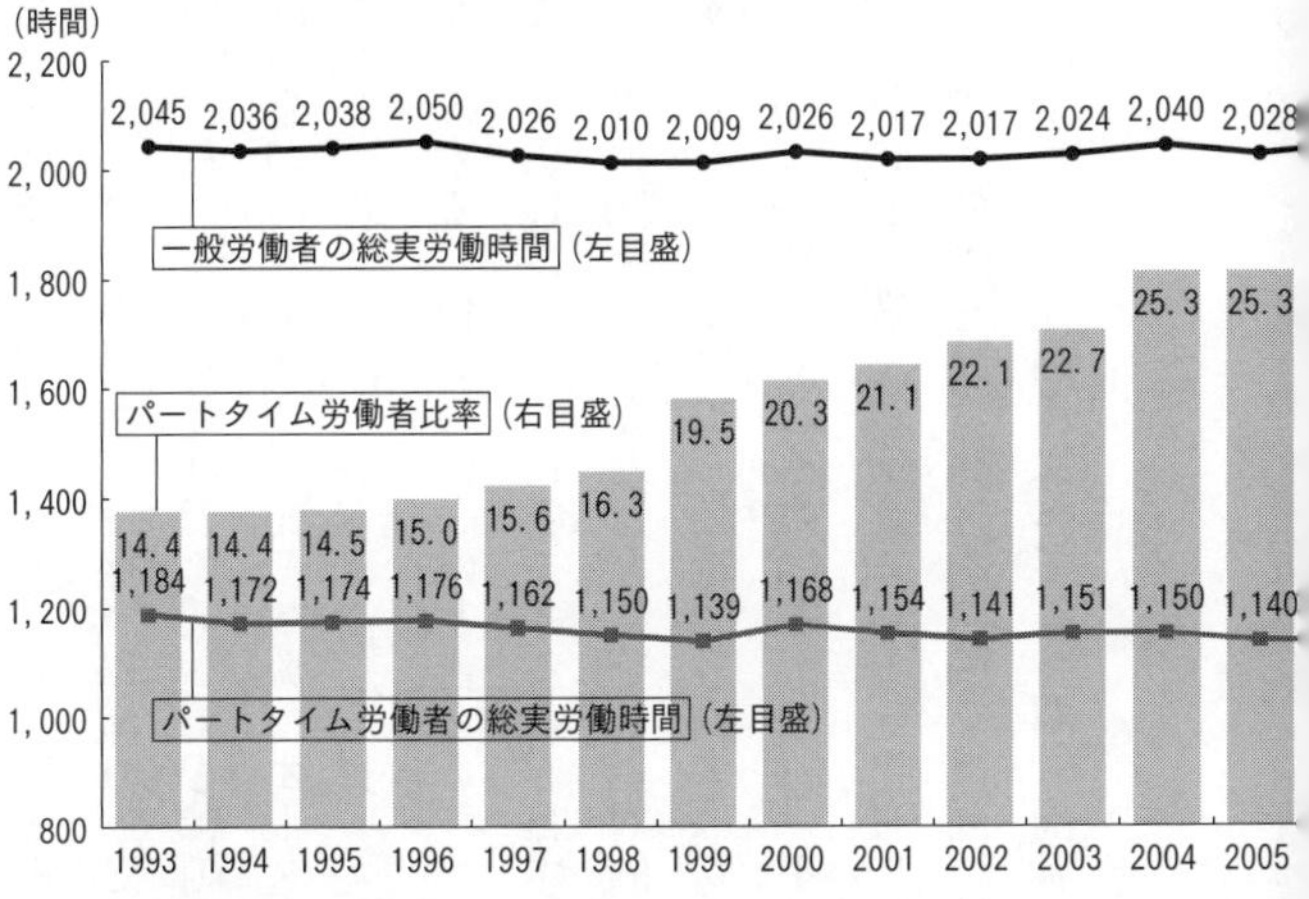

(注)1. 事業所規模5人以上。
2. 就業形態別総実労働時間の年換算値については、各月間平均値を12倍し、小数点以

出所：厚生労働省「毎月勤労統計調査」より

から見ても、正社員の労働時間は改善されていないことが明らかになる。

長時間労働者の問題

日本の労働時間を国際比較するうえで、他国と比較して明確なのは週の労働時間が49時間以上の長時間労働者の比率が高い点である。前出の独立行政法人労働政策研究・研修機構の『データブック国際労働比較2016』**〈図5〉**（31ページ）をもとに確認してみよう。

２０１４年度時点での日本の長時間労働者の割合は21・３％である。２０００年の時点で28・３％だったが、徐々に減り、２０１０年からは23％から21％の間で推移している。ただ、これだけで比較しても韓国の32・４％、香港の30・８％などに比べると低いものの、アメリカ16・６％、オーストラリア14・６％、イギリス12・５％、フランス10・４％、ドイツ10・１％、スウェーデン７・３％と、概《おおむ》ね10％台である他国と比較すると相対的に高いと言える。

さらに男性に絞《しぼ》って比較をすると、日本の男性は30・０％と、やはり韓国の38・０％、香港の30・５％などとならび、相対的に高い値を示している。

すべての国において、長時間労働者は女性よりも男性の方が多く、女性の長時間労働者が10％を超えているのは香港の31・１％、韓国の24・７％のみである。なお、日本の女性の長時間労働者比率は９・７％であり、男性の30・０％に対しては低いものの、香港、韓国を除く諸外国の間では高い値を示している。

このように、他国に比べて長時間労働者の割合が高いのが、日本の特徴である。

〈図5〉世界各国の「長時間労働者」の割合

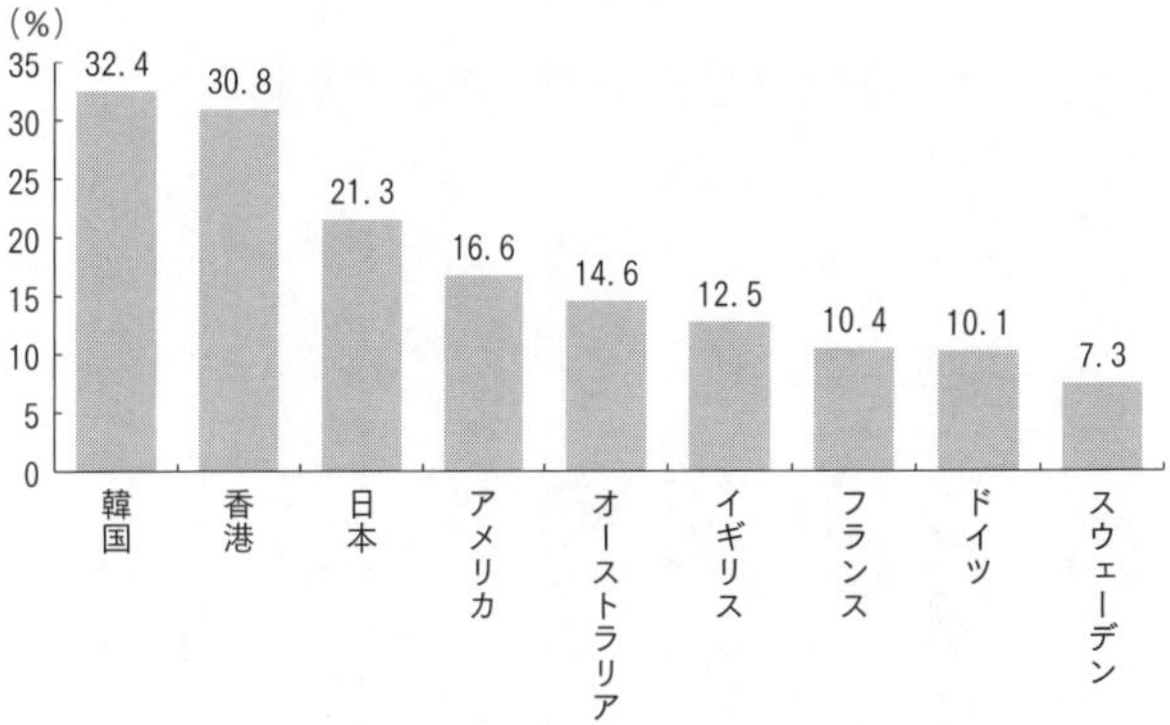

(注)ここでの長時間労働者とは週49時間以上を指す。各国の統計は2014年現在。
出所：労働政策研究・研修機構『データブック国際労働比較2016』より

業界別に見ると、長時間労働問題が顕著《けんちょ》に

より具体的に日本国内における長時間労働の実態を確認してみよう。総務省の「労働力調査」をもとにした厚生労働省『平成28年版過労死等防止対策白書』（通称『過労死白書』）のデータをもとに考える。

「1週間の就業時間別の雇用者の割合」**〈図6〉**（32〜33ページ）を確認してみよう。これによると、週60時間以上働く者の割合は1999年の11・0％から微減の傾向が続き、2015年には8・2％となっている。最も割合が多いのは週35時間以上週60時間未満の者だ。1999年の67・1％から減少傾向が続き、2015年には61・3

%となっている。

週35時間未満の者の割合は1999年の21・8%から増加が続き、2015年には29・9%に増加している。これは、前述したパートタイム労働者の増加と連動していると言えるだろう。

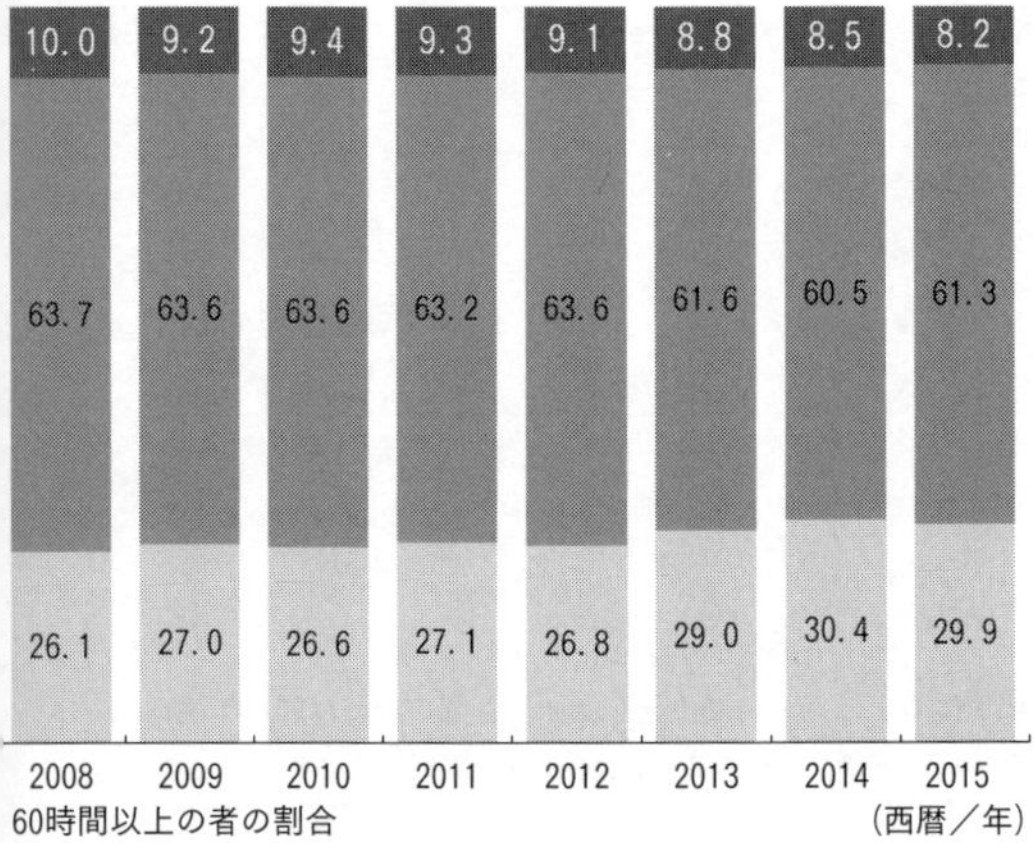

なお、年齢別の割合で見ると、男性の40~49歳と30~39歳の割合が高い。総じて、男性の方が女性よりも長時間労働者が多いことが明らかになる**〈図7〉**(35ページ)。
次に業種別の特徴を見てみよう。2015年のデータ**〈図8〉**(36~37ページ)を見ると、週60時間以上の雇用者の割合が最も多い

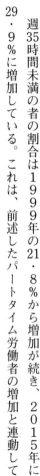

〈図6〉1週間の就業時間別の雇用者の割合

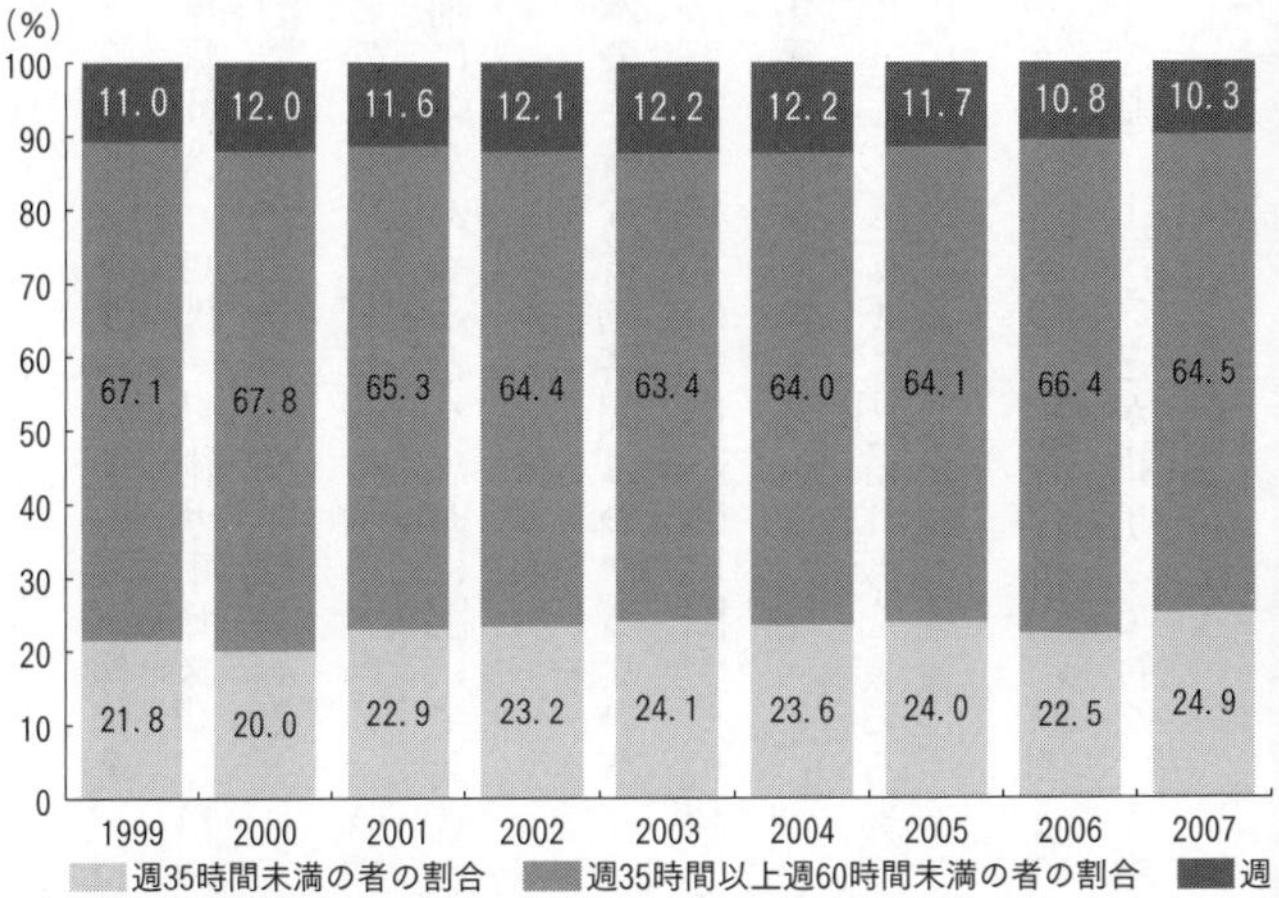

(注)1. 非農林業雇用者について作成したもの。
2. 就業時間不詳の者がいるため、計100%とならない。

出所：総務省「労働力調査」(平成23年は岩手県、宮城県及び福島県を除く)より

業界は運輸業、郵便業で18・3%であり、建設業11・5%、教育、学習支援業11・2%と続く。特に運輸業、郵便業においては最近では労働者の確保に苦労している他、ネット通販市場の拡大により業務が過密になっていることがメディアでも話題になっている。

2010年と2015年の比較で見ると、運輸業、郵便業と、教育、学習支援業で増加が見られるが、減少している業界もある。12・5%から9・2%に3・3ポイント減った情報通信業、10・5

％から９・１％に１・４ポイント減った卸売業、小売業、７・７％から５・５％に２・２ポイント減った金融業、保険業、11・４％から９・２％に２・２ポイント減った学術研究、専門・技術サービス業、11・３％から９・２％に２・１ポイント減った宿泊業、飲食サービス業などである。

このように、長時間労働について、時短は進んでいるものの、年齢別、男女別、業種別に差があることを念頭に置いておきたい。

日本の正確な労働時間はわからない？

ここまで日本の労働時間に関する現状を述べてきた。しかし、これらのデータだけで労働時間を判断することはできない。「サービス残業」の問題である。日本の労働時間を論じる際や、国際比較をするうえで「サービス残業」が存在することを考慮しなければならない。

サービス残業は、実際に働いた時間よりも少ない時間を勤務先に申告する行為である。なお、上司などが指示して行なった場合はもちろんだが、特に指示されず自主的

〈図7〉1週間の就業時間が60時間以上の就業者の割合（男女・年齢別）

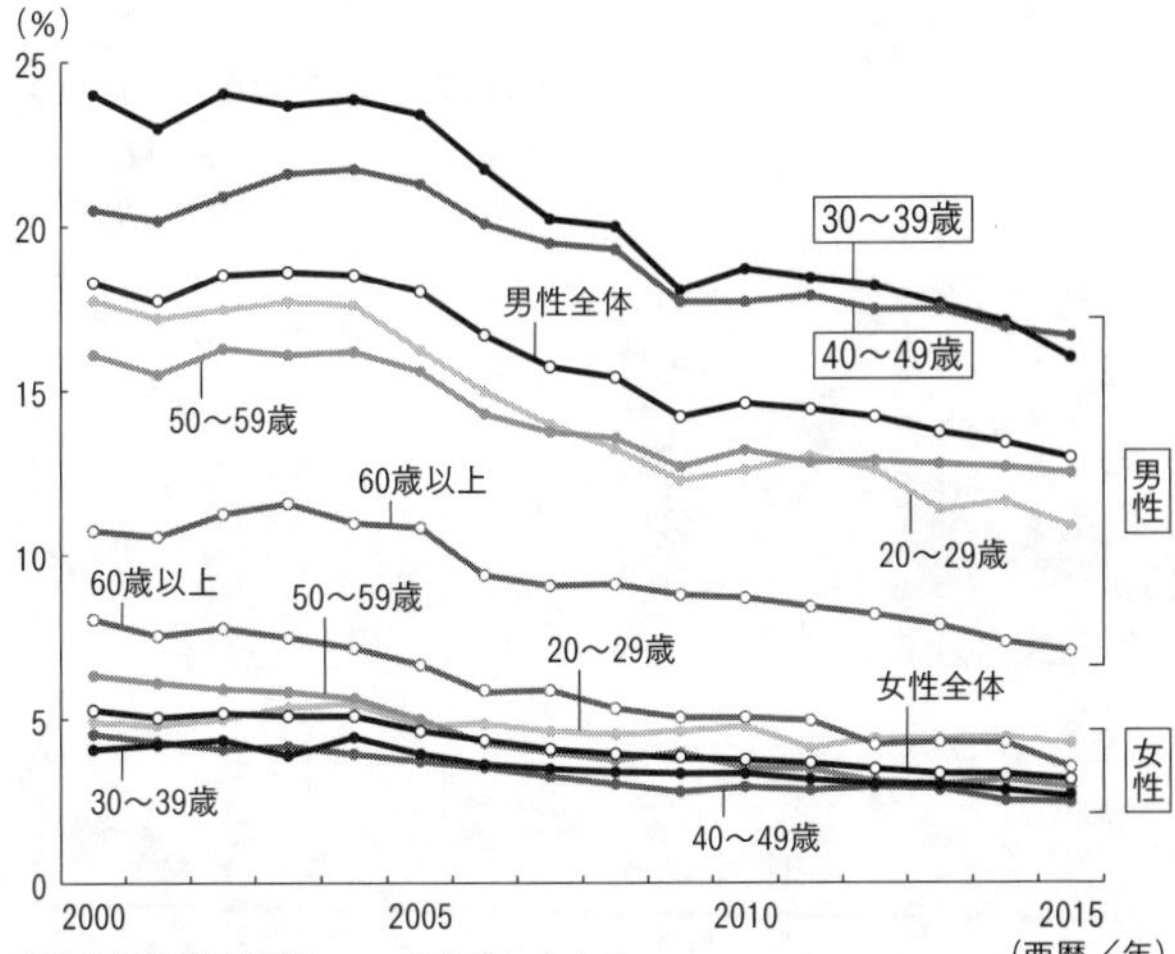

(注)非農林業雇用者について作成したもの。

出所：総務省「労働力調査」(平成23年は岩手県、宮城県及び福島県を除く)より

に労働時間を過少申告した場合も、サービス残業となる。

サービス残業を推計する方法がある。総務省の「労働力調査」の労働時間数から、企業調査に基づく厚生労働省の「毎月勤労統計調査」の労働時間数を差し引き、サービス残業に相当する開差《かいさ》を求める方法だ。

具体的に2015年においては、一人当たりの年間労働時間は前者では2044時間、後者では1734時間で

ある。ともに、パートタイム労働者を含むデータである。サービス残業が行なわれていることが推定される。

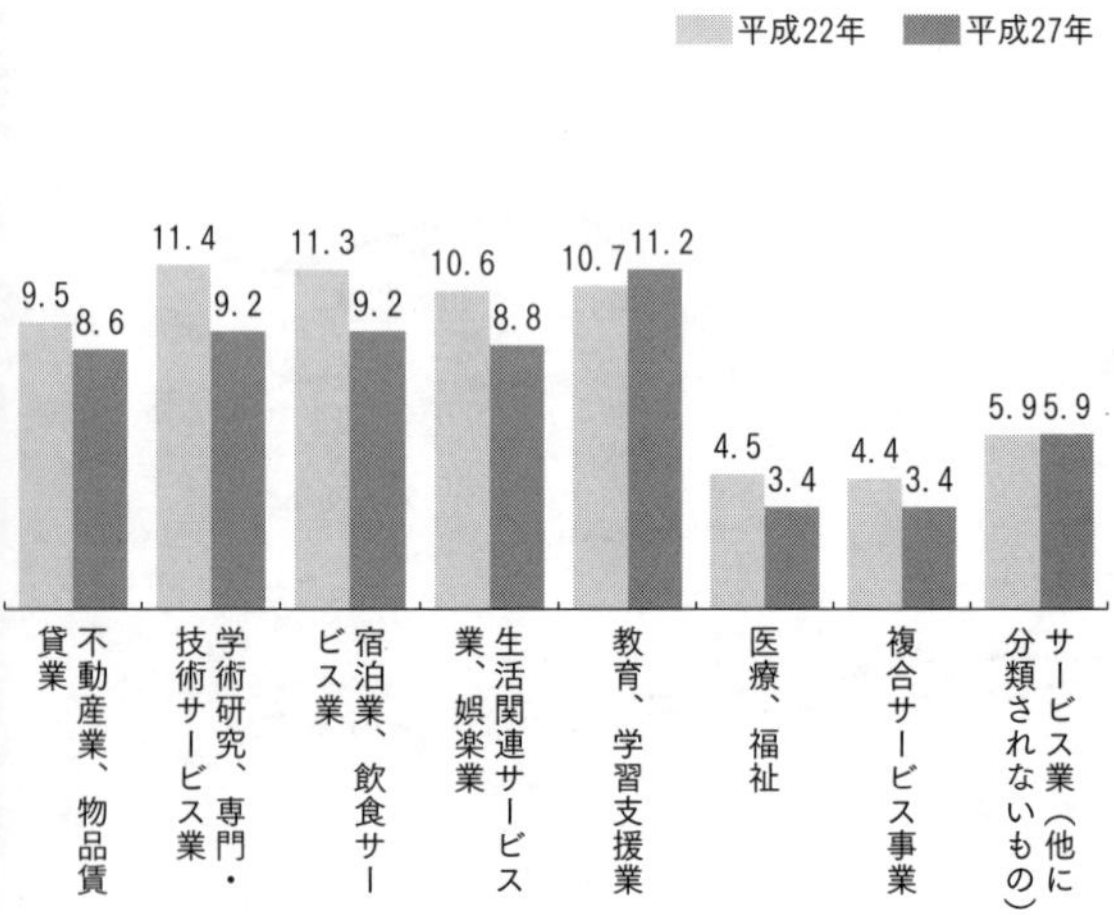

「サービス残業」に関して論じる時には「そんなもの、どこでもやっている」という話がよく出る。ブラック企業問題を論じる際もよく登場する論点である。しかし、これは明確に法律に違反している。

余談だが、ブラック企業問題で挙げられる問題はさまざまだが、サービス残業は最も労働者が裁判で勝ちやすいテーマである。時間などの記

〈図8〉1週間の就業時間が60時間以上の雇用者の割合（業種別）

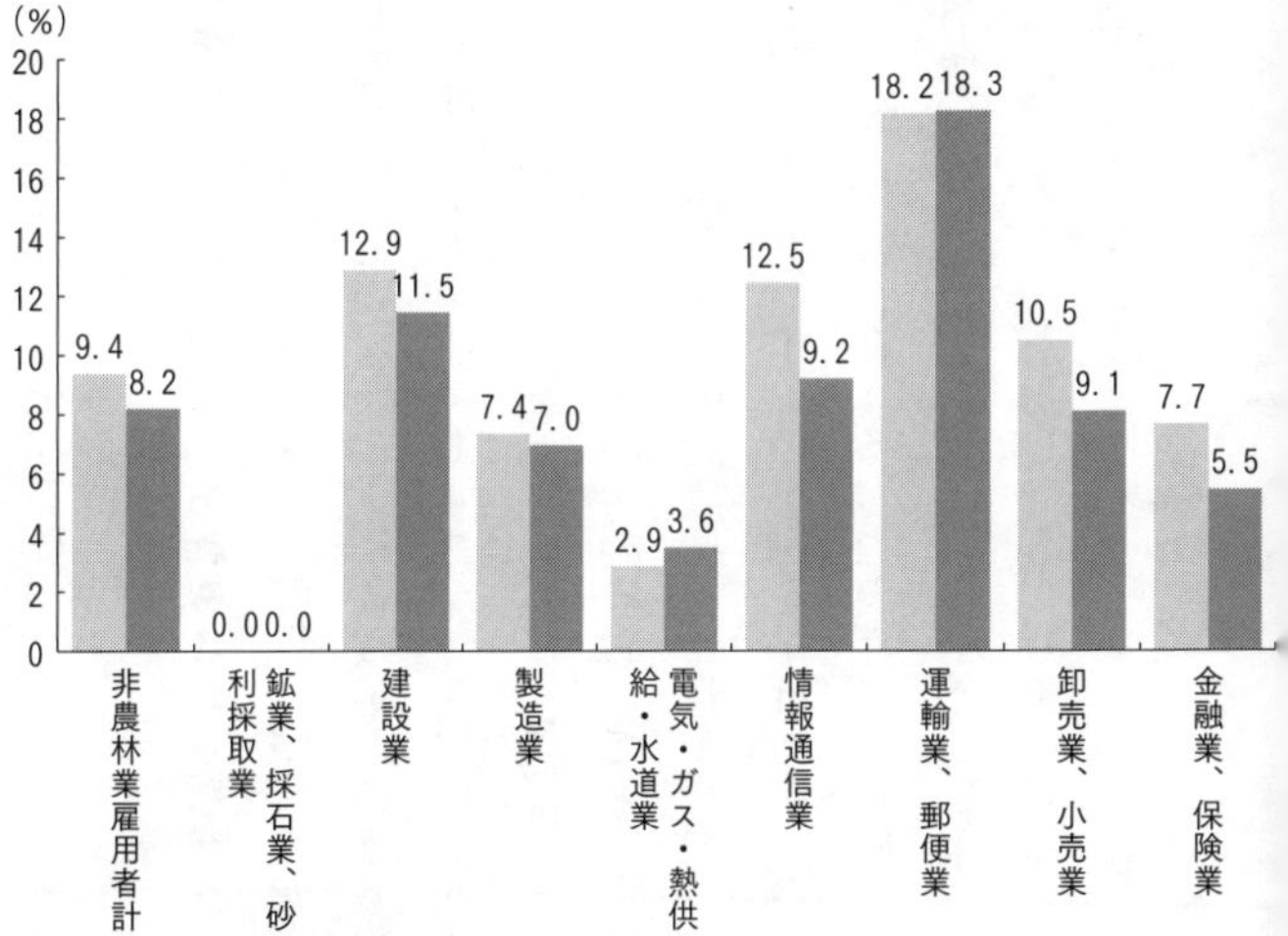

(注)雇用者のうち、休業者を除いた者の総数に占める割合
出所：総務省「労働力調査」より

録、証拠を用意しておけば、労働基準監督署や企業に異議申し立てをすると、支払いに至る可能性が極めて高い。立証しやすいのである。

　この本の校了前の2017年3月には、宅配便最大手のヤマトホールディングスが、約7万6000人の社員を対象に未払いの残業代の有無を調査していることがわかった。そのうえで、未払い分を全て支給するとしている。原資は数百億円規模になる可能性がある。ただ、サービス残業分は支払うのが当然なのだ。

残業リテラシーの欠如――あれもこれも残業だ

サービス残業に関して論じる際に、隠れた残業についても考えなくてはならない。労働者が認識していないサービス残業というものがある。

たとえば、学生を使い潰すブラックバイト問題でよくある事例が、和風居酒屋などでアルバイトする者が和服に着替える時間を労働時間として計上しないケースである。これはアルバイト先の店舗においても、意図的にサービス残業としてそうさせているケースもあれば、店長自身、これが残業に当たることを知らないケースもある。

学生のブラックバイトの事例を挙げたが、会社員においてもこのような隠れサービス残業となる例は存在する。たとえば、定時以降の時間に仕事のために行なう研修や勉強会などがそうだ。「自主的に行なったもの」だとしても、従業員が参加しており、業務に関係するものだとしたら、残業になるし、タイムカードに計上していないとしたら、サービス残業になりえる。

会社の宴会にしても、業務に関係あるものは労働時間に含めるべきではないかという論点もある。

２０１６年7月8日には、職場の歓送迎会後、会社に戻る途中で発生した交通事故について、最高裁判所が労災と認める判決を出した。上司からの誘いであったこと、会社が会の費用を負担していたことなどから「会社からの要請」であったことであり、会社の支配下であったことと認定された。

もともと事件は、２０１０年12月に福岡県にて発生した。男性（当時34歳）は福岡県苅田《かんだ》町でメッキ加工会社の工場に勤務していた。中国人研修生の歓送迎会に参加し、終了後、工場に戻る途中でトラックと衝突して死亡したのだった。男性は飲酒をしていなかった。遺族の妻が遺族補償給付の支給を求めたが、労働基準監督署は労災に当たらないとして認めず、提訴していた。この事例においては、「会社からの要請」「会社の支配下」だったことが論拠となった。

いわゆる「会社の飲み会」が業務なのかどうかは、今後も議論を呼びそうだ。余談になるが、会社員時代、ノー残業デーの日は、会社の同僚と飲み歩き仕事の話をしていた。アルコールありの会議をしていたようなものだった。「飲み会は労働か」という論点は、それ自体が居酒屋での酒の肴《さかな》になってしまいそうで怖いが、今後も議論されつづけるだろう。

労働時間はどこまでかという問題については、平成12年3月の「三菱重工業長崎造船所事件」の判例がある。被告側企業である三菱重工業は就業規則において1日の所定労働時間を8時間と決め、更衣所での作業服及び保護具等の装着・準備体操場までの移動、資材等の受け出し及び月数回の散水、作業場から更衣所までの移動・作業服及び保護具等の脱離、その他一連の行為を所定労働時間外（始業時刻前、休憩時間中、終業時刻後）に行なうよう、定めていた。

原告側労働者らは、これらの行為に要する時間は労基法上の労働時間に当たり、1日8時間の所定労働時間外に行なった各行為は時間外労働であると主張し、割増賃金を請求する訴えを提訴した。判決は労働者側の勝訴となった。

この判例は、労基法32条のいう労働時間（「労基法上の労働時間」）は、客観的に見て、労働者の行為が「使用者の指揮命令下」に置かれたものと評価できるか否かにより決まることを示している。

前出の「和風居酒屋で和服に着替える」という行為は、使用者によって義務付けられているし、現実に不可欠な取り組みである。これらは原則として使用者の指揮命令下に置かれたものと評価され、労基法上の労働時間に当たるということになる。

ただ、このことは、普通の労働者に浸透しているとは言えない。ブラックバイト問題などでも、よくある事例である。この残業リテラシー、さらに言うならばワークルールに関するリテラシーの欠如もまた、サービス残業の増加につながっているとは言えないだろうか。

もっともこのサービス残業は、上司などから企業の指示で行なわれるものもあれば、自らしてしまうケースもある。自分の仕事の効率の悪さを責めてしまうのである。

連合総研が２０１６年10月28日発表した第32回「勤労者の仕事と暮らしについてのアンケート調査」によると、２０１６年９月に残業した人の38・２％が残業代の出ないサービス残業をしていたことがわかった。サービス残業をした人のうち、自ら過少申告した人は66・5％にものぼった。主な理由として「働いた時間どおり申告しづらい雰囲気だから」（30・1％）、「残業手当に限度があるから」（25・6％）、「なんとなく申告しなかった」（17・3％）などが上げられた。自ら過小申告したと言いつつも、職場の影響を感じる結果ではある。

このサービス残業が発生してしまう現実も、残業研究のうえでは捉《とら》える必要がある。

日本人と有休

日本人と休みやすさについても、確認しておきたい〈**図9**〉（44〜45ページ）。日本はドイツ、フランス、イタリアなどに比べると年間休日数が少なく、年次有給休暇の日数が少ないのだ。

年間休日数を日本、イギリス、ドイツ、フランス、イタリアで比較してみると、日本は137・4日でイギリスの137・1日と比較すると多いが、イタリアの140・0日、ドイツ、フランスの145・0日と比較すると少ない。

大きな特徴は有給休暇の日数である。日本は18・４日とイタリアの25・０日、イギリスの25・１日、ドイツ、フランスの30・０日と比較すると少ない。その代わりに、週休日以外の休日は15日となっており、イギリスの８日、ドイツ、フランス、イタリアの11日と比較すると多い。祝日が多いのが日本の特徴だ。これも、有休取得がしづらい一因となっている。

より詳しいデータを見てみよう。厚生労働省の「就労条件総合調査」と「賃金労働時間制度等総合調査」をもとにした、『平成28年版過労死等防止対策白書』で紹介されているデータ〈**図10**〉（44～45ページ）で考える。

日本における有給休暇の取得率は、１９９２年、１９９３年に56・１％と、１９８８年から２０１４年までの26年間においてはピークとなったが、２０００年には49・５％と50％を割った。その後、２００４年に46・６％とこの26年間で最低となった後に回復し、２０１１年に49・３％となり、増減を繰り返している。２０１４年には47・６％と、２０００年代に入ってからは５割以下で推移している。

なお、有休の付与数自体は長期において微増傾向を示している。２０１４年には

18・4日となっており、この26年間で3・1日増加している。
このように、有休を取りにくいのも日本の特徴である。

資料出所　厚生労働省(2015.10)「平成27年就労条件総合調査」、Eurofound (2015.7) *Developments in collectively agreed working time 2014*
(注) 1)週休日とは「日曜日」、「土曜日」などの「会社指定休日」を指し、ここでは完全週休2日制と仮定した。
2)繰越日数を含まない。日本は、年次有給休暇の平均付与日数(平均取得日数は8.8日、取得率は47.6%)。常用労働者が30人以上の民営法人を対象。欧州は労使協約で合意した年次有給休暇の平均付与日数。
※なお、アメリカについては年次有給休暇が連邦法上規定されていない。2014年における民間部門の平均付与日数は8日間(出所：Bureau of Labor Statistics〈2015.3〉*Employee Benefits in the United States, March 2015*)。
出所：独立行政法人労働政策研究・研修機構(2016)『データブック国際労働比較2016』より

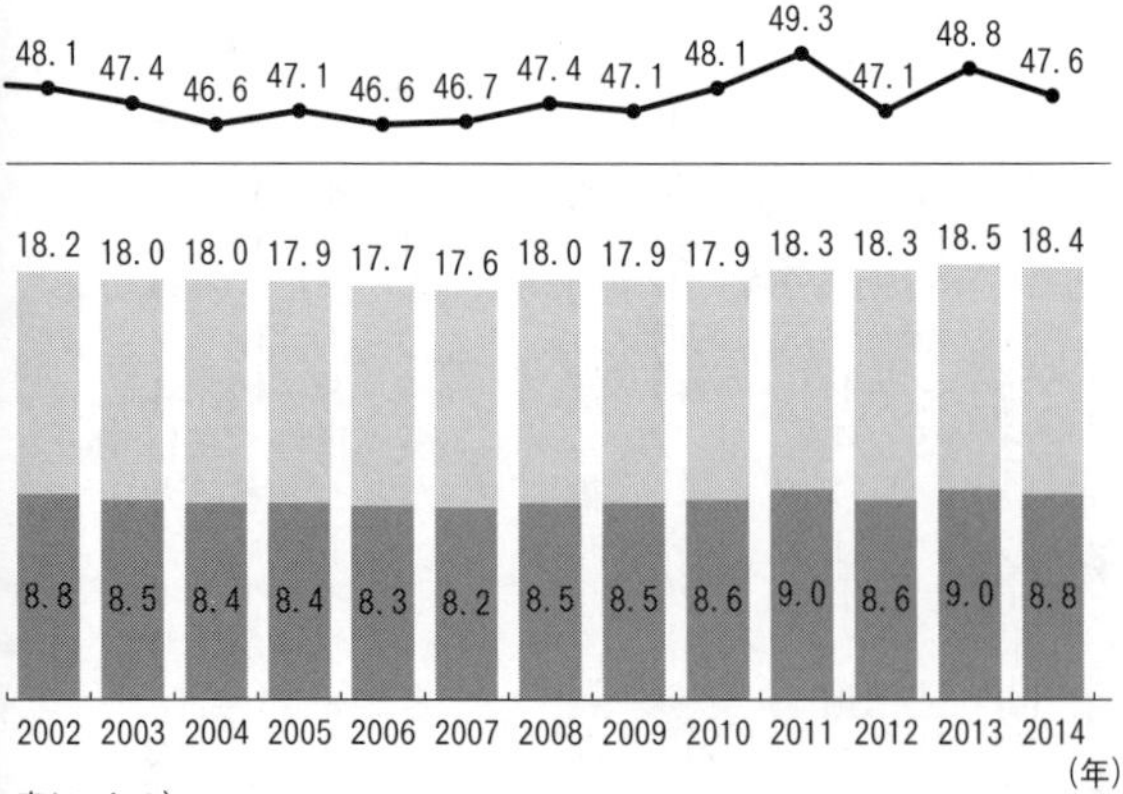

査」による)

(%)である。
→2007年以降の調査対象：「常用労働者が30人以上の会社組織の民営企業」
6年以降の調査対象：「常用労働者が30人以上の民営企業(複合サービス事業

暇の取得率は47.3%となる。

〈図９〉 年間休日数(2014年)

(日／Day)

	週休日 1) Holidays	週休日以外の休日 Pablic holidays	年次有給休暇 2) Annual paid leave	年間休日数(計) Total
日本 JPN	104	15	18.4	137.4
イギリス GBR	104	8	25.1	137.1
ドイツ DEU	104	11	30.0	145.0
フランス FRA	104	11	30.0	145.0
イタリア ITA	104	11	25.0	140.0

〈図10〉 有給休暇の所得率と付与日数・取得日数

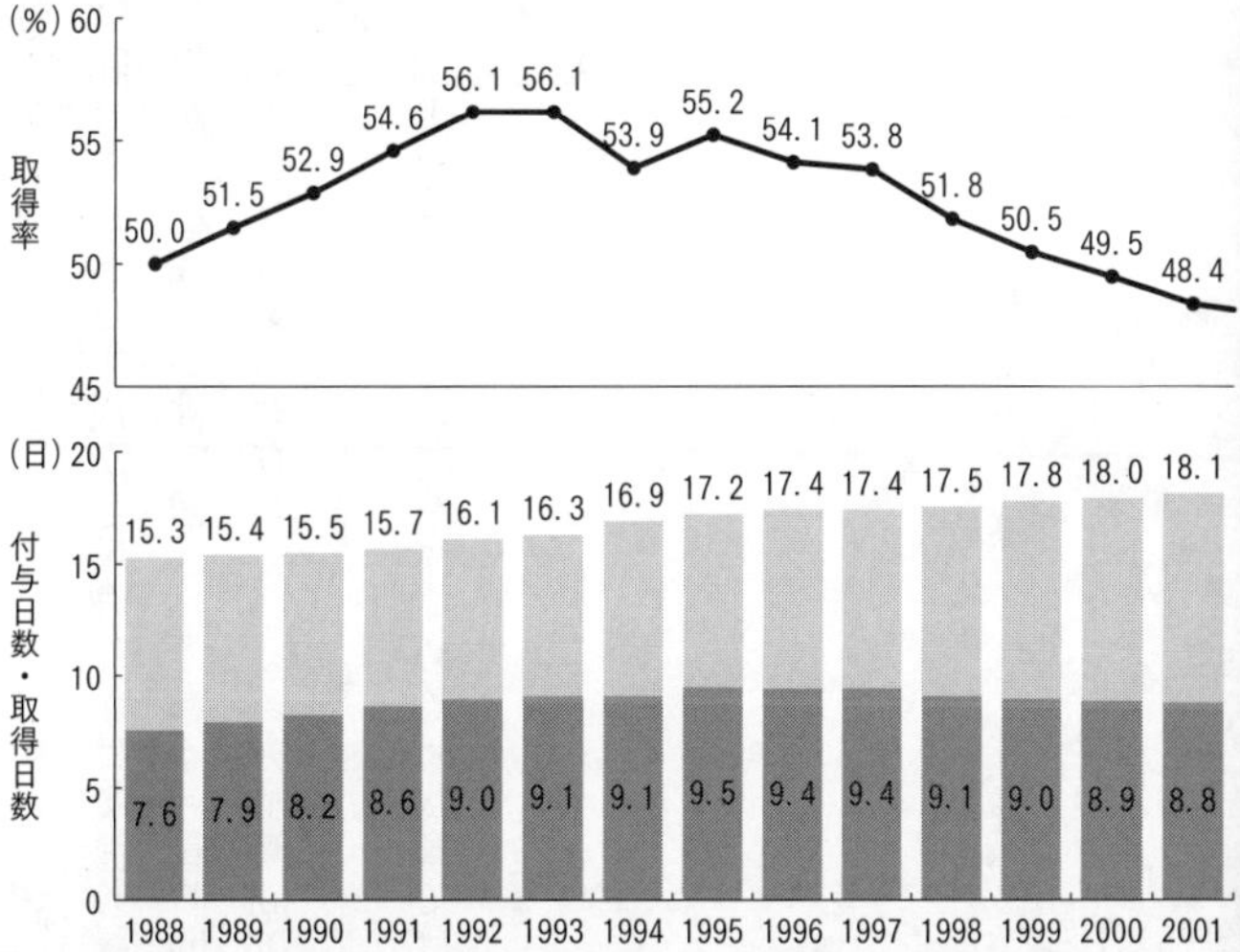

(資料出所)厚生労働省「就労条件総合調査」(平成11年以前は「賃金労働時間制度等総合調
(注)1.「対象労働者」は「常用労働者」から「パートタイム労働者」を除いた労働者である。
2.「付与日数」には、繰越日数を含まない。「取得率」は全取得日数／全付与日数×100
3. 2006年以前の調査対象：「本社の常用労働者が30人以上の会社組織の民営企業」
4. 2013年以前の調査対象：「常用労働者が30人以上の会社組織の民営企業」→平成
を含む)」(※医療法人等の会社組織以外の法人を調査対象に加えた)
なお、2013年と同一の調査対象で時系列で比較した場合、2014年の年次有給

出所：厚生労働省『平成28年版過労死等防止対策白書』より

再度、第1章の要点をまとめよう。

日本の平均年間総労働時間は1980年代から現在にかけて減り続けているが、正規雇用者の労働時間は90年代から現在にかけて横ばいである。長時間労働者の割合が高いことも日本の特徴だ。サービス残業も存在している。労働時間は男女別、業界別で違いがある。有休も取得しにくい。

これらを前提としつつ、本書ではさらに検討をすすめる。次章では、残業はなぜ生まれるのかを分析する。

第2章

なぜ、残業は発生するのか？

残業を感情的に見てはいけない

この章では、「残業」とは何かを確認するとともに、発生する原因を考察する。残業というものの合理性を確認する一方で、なぜ悪なのか、なぜ減らすべきなのかも考える。

「残業」という言葉と「合理性」という言葉が並ぶだけで嫌悪感を抱く読者もいることだろう。「はじめに」でも触れたが、私は長時間労働には反対だ。ましてや長時間労働による過労死が起こる国や企業が正常であるはずがない。別に「社畜」を礼賛しているわけではない。

ただし、なぜそれが生まれるのかということを明らかにしなくては、対策は実効性のないものになってしまう。一度、残業は嫌だという感情を手放して残業の持つ合理性と向き合わなくては、真に有効な対策にはなり得ない。

発生するメカニズムと、その合理性を改めて理解することは有益だ。そうすれば、政府や企業が打ち出す長時間労働対策が有効かどうかについて、冷静に判断することができるようになる。長時間労働をめぐる報道でよく出てくる「日本人はダラダラ仕事をしている」「日本人は会議が多すぎる」などの俗説にも流されずにすむ。

さらには、改革を行なうことによって長時間労働を是正したとされる取り組みについても、実は偽善的な取り組みではないのか、他に無理は生じていないのかという視点で検証することができる。働き方改革、なかでも長時間労働是正に対する取り組みは、目的と手段がずれたもの、手段が目的化しているものが散見されるからだ。

「働き方」に関する議論はいつも感情的なものになりがちである。それは個人の仕事や職場、仕事に関わる人間関係、家庭環境、所得など、それらに対する個人的なルサンチマン（恨《うら》み）とも重なるからである。「働き方」については何か言いたくなるものである。

このテーマのテレビ番組に対するコメントの数などを見ても明らかだ。２０１７年1月14日に、ＮＨＫの「週刊ニュース深読み」というニュースバラエティ番組に出演した。番組放送中はＴｗｉｔｔｅｒでも投稿が寄せられる。この日の放送は30分延長した拡大版だったということもあるが、普段の放送では１５００件程度なのが、４０

00件以上の投稿があったという。また、この日だけで600通のメールが届いた。

2016年秋から3回に分けて放送された働き方改革関連の特集に寄せられたメールの総数は、8000通にも及んだ。

Twitterの投稿を読んだが、番組で議論されていた内容を上回るような専門的な意見もあれば、感情論も見受けられた。別に感情論を悪いとは言わない。これもまた、働き方に関する議論の一つの特徴だと言えるからだ。

この感情論は、実は専門家もいつの間《ま》にか発してしまう類《たぐい》のものである。新聞でもよく見かける、しかも識者と呼ばれる人が発する「経営者の意識改革が必要だ」「人生は会社だけではないと、意識を変えるべきだ」「働き方改革を進められない企業は未《いま》だに男尊女卑の男社会」「変わることができた企業から学ぶべきだ」などというものも、建設的な対策を装《よそお》った感情論の域《いき》を出ないものである。

問題提起としては良い。ムーブメントをつくるきっかけにはなるかもしれない。カタルシスにもなる。ただ、言いっ放しにすぎないことを自覚するべきだ。常識と感情を手放して、「なぜ変わらないのか?」を考えなくてはならない。「なぜ、人々の意識は変わらないのか？」という問いを立て、その背景にあるシステムを理解するべきだ。そのシステムを解き明かさない限り、このような建設的な意見を装った感情論が跋扈《ばっこ》してしまう。好き嫌い、良い悪いは別として、そこには憎らしいまでの合理性が存在する可能性がある。

過労によって、職場で死ぬ人が出ない社会にするためにも、常識や感情を上手く手放した議論をするべきなのだ。私たちは残業の合理性という問題に向き合わなくてはならないのである。

残業が発生する原因を考える・企業編

長時間労働に関する研究は、長年、積み重ねられてきた。残業が発生する理由に関してはさまざまな説がある。

次のような説が世の中にあふれている。グローバル化による競争の激化が残業の増加に貢献しているという説、産業構造の変化、ホワイトカラーの増加、長期雇用における昇進・昇格インセンティブ、柔軟な働き方がかえって長時間労働を増やしているという説、仕事中毒、金銭インセンティブ、プロフェッショナリズムの負の作用、労働市場の失敗という説、雇用調整のためのバッファー確保であるという説、自発的長時間労働者からの負の影響など、さまざまな説が存在する。

ここでは、一度、データを確認し、残業の発生原因を考えてみよう〈図11〉（54～55ページ）。厚生労働省の『平成28年版過労死等防止対策白書』をもとに考察する。

この白書は画期的である。国が「過労死」と関連する諸問題に関して、約300ページにもわたり、白書をまとめたのである。この問題に関する国の本気度を実感するものである。雇用・労働に関する資料としてもよくまとまっており、まずはこれを読めば、わが国の労働に関する諸問題は一通り把握できるものとも言えるだろう。

この白書の中で紹介されているデータの中でも、厚生労働省による「平成27年度過労死等に関する実態把握のための社会面の調査研究事業」の調査結果は、わが国における長時間労働の発生原因を知るために有益だと言える。この調査は2015年12月から2016年1月にかけて実施された、企業と労働者に対するアンケート調査だ。

企業向け調査は約1万社が対象となり、時間外労働協定の締結状況、労働時間等の状況、所定外労働が発生する理由、休暇制度、休暇の取得状況、過重労働防止のための取り組み状況、脳・心臓疾患、精神疾患による休職の状況などを質問している。労働者向け調査は約2万人を対象としており、労働時間等の状況、休暇の取得状況、勤務先における過重労働・メンタルヘルス対策の取り組み状況、生活時間の状況、疲労の蓄積やストレスの状況等を調べている。

この調査において興味深いのは回答率である。企業向け調査は約1万社を対象にしているのだが、得られた回答は1743件だった。それに対して、労働者向け調査は約2万人が対象だったのに対し、回答は19583件と、回答率が高かった。

企業側の調査においては設問に対する回答難易度が高く（回答するためにも社内でデータ、ファクト〈事実〉を確認しなくてはならない）、社名が開示されない調査とはいえ企業として回答しづらい部分もあったと言えるだろう。ただ、企業と労働者の温度差を感じる例であるとも言える。

では、残業が発生する理由を企業側、労働者側の双方で見ていこう。まずは、企業側について確認する。

業種を問わず全体をみると、企業側の「所定外労働が必要となる理由」においては、「顧客（消費者）からの不規則な要望に対応する必要があるため」が最も多く、44・5％となっている。次に「業務量が多いため」が続き、43・3％となっている。

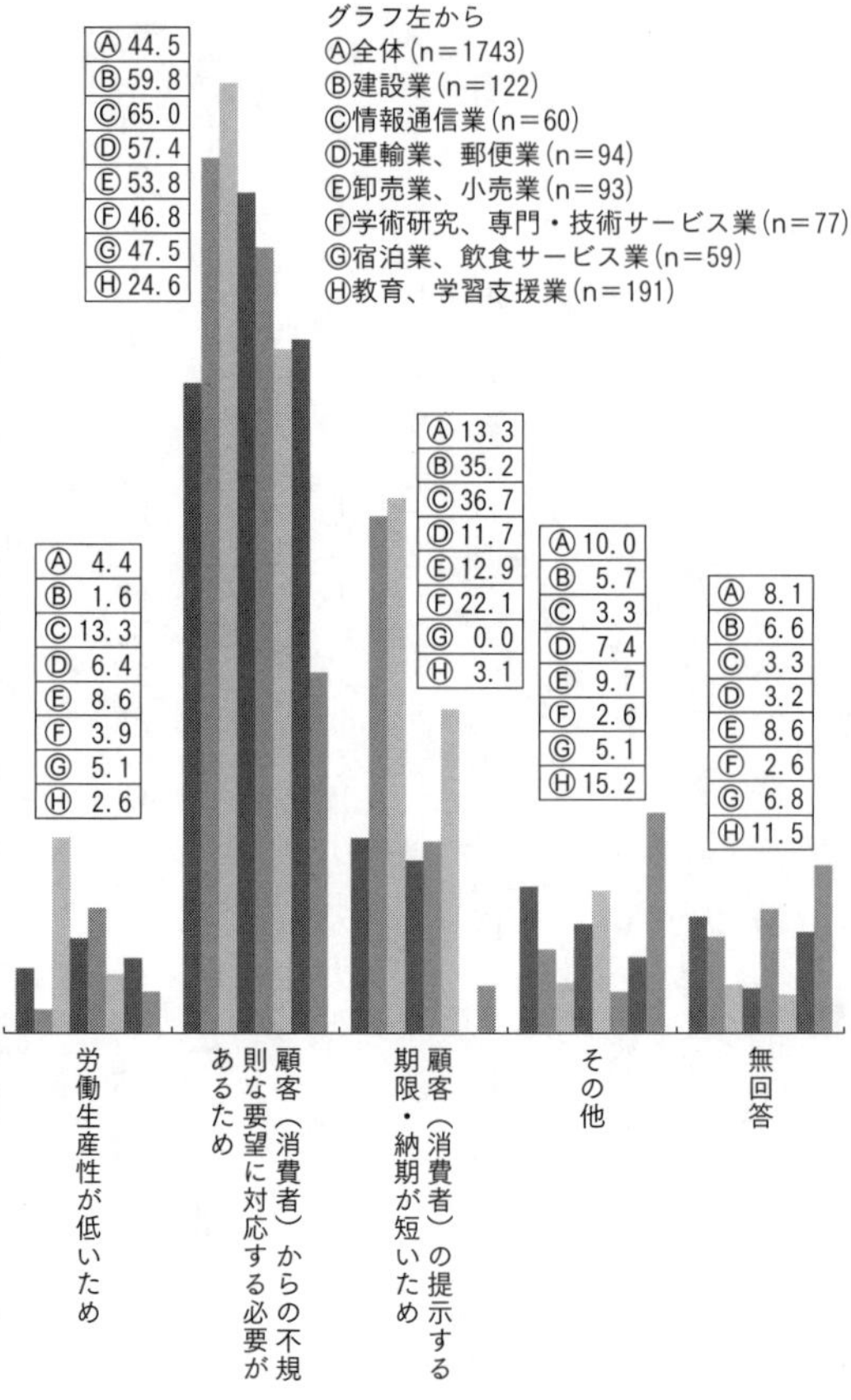

事業」(委託事業)

〈図11〉所定外労働が必要となる理由（企業調査）

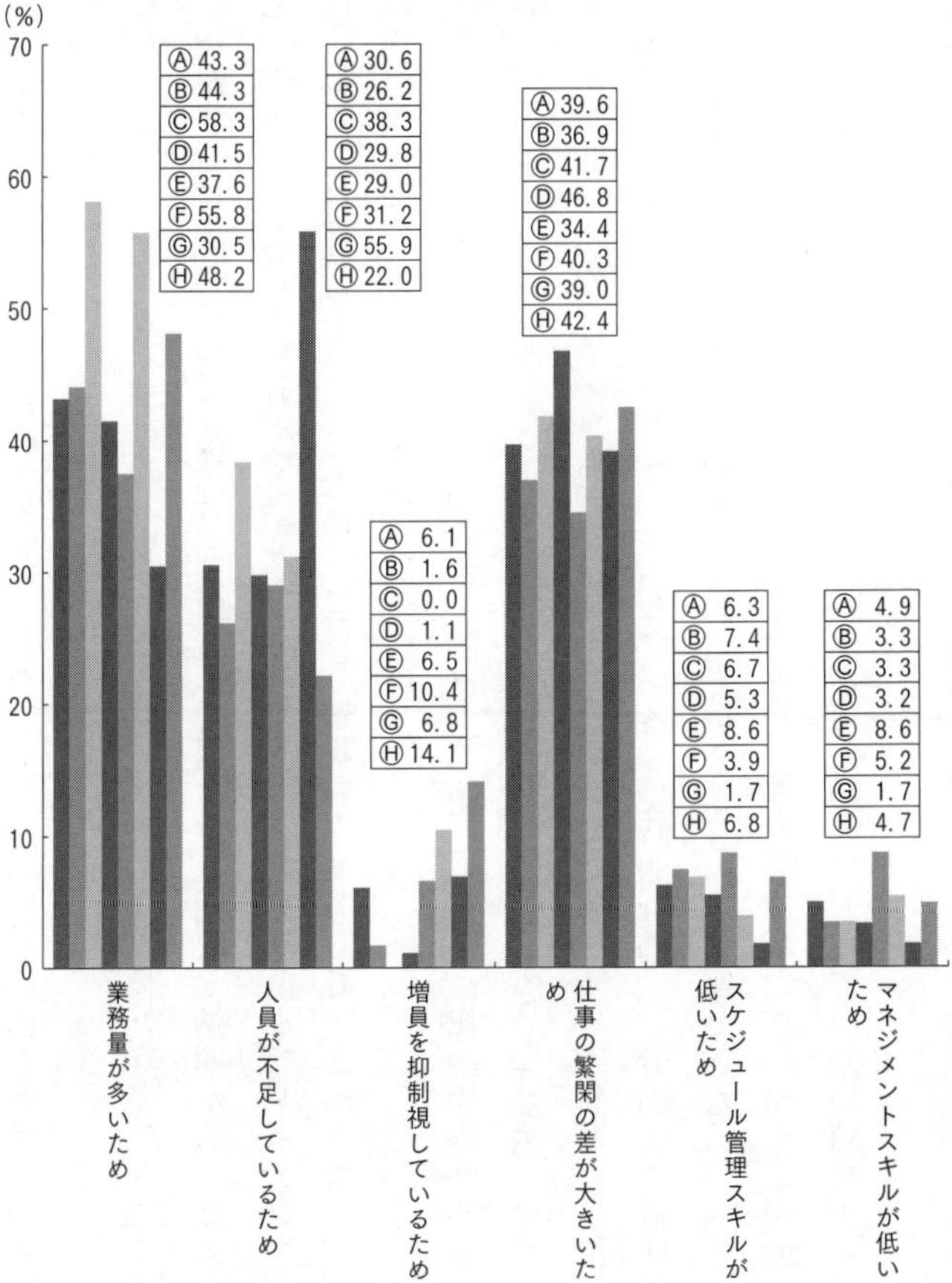

（資料出所）厚生労働省「平成27年度過労死等に関する実態把握のための社会面の調査研究
出所：厚生労働省『平成28年版過労死等防止対策白書』より

「仕事の繁閑の差が大きいため」の39・6%、「人員が不足しているため」の30・6%が続いている。

なお、「顧客（消費者）からの不規則な要望に対応する必要があるため」に関しては、関連する選択肢として「顧客（消費者）の提示する期限・納期が短いため」というものがあり、全体では13・3%となっている。「人員が不足しているため」に関しては、「増員を抑制視しているため」という選択肢があり、6・1%となっている。同じ類型だと捉《とら》えることもできなくはない。

企業側の回答であるにもかかわらず、個々人の能力・資質に起因する回答が少ないのも、特徴である。「スケジュール管理スキルが低いため」が6・3%、「マネジメントスキルが低いため」4・9%、「労働生産性が低いため」4・4%と、上位の選択肢と比較すると、明らかに低い値を示している。長時間労働は、労働者に責任があるわけではなく、企業の側に起因するものだということが浮き彫りとなる。

原因別に、その値が高い業界を見てみよう。最も割合が大きかった「顧客（消費者）からの不規則な要望に対応する必要があるため」において、高い値を示している業種は情報通信業65・０％、建設業59・８％、運輸業、郵便業57・４％となっている。

素人目《しろうと》に見ても、各業界の光景が想像できてしまう。日本の情報通信業は、パッケージ化された商品・サービスを導入する海外のＩＴ企業と異なり、顧客のオーダーメードでシステムを構築することをお家芸としている。建設業も顧客のオーダーありきの業界だ。運輸業、郵便業はネット通販の流通量増加が話題となっている。ネット通販では即日配達するサービスも誕生しており、これらによる業務負荷《ふか》が増している。

「業務量が多いため」においても１位は情報通信業で58・３％だった。学術研究、専門・技術サービス業55・８％、教育、学習支援業48・２％と続く。学術研究においては、業務の範囲がどこまでか定義しづらい側面がある。教育、学習支援業においては、単に指導するだけでなく、個別のフォロー、さらには授業の準備なども発生する。

「仕事の繁閑の差が大きいため」においては、運輸業、郵便業46・８％、教育、学習支援業42・４％、情報通信業41・７％の順番だった。それぞれ繁閑の差が大きい業界であることは容易に想像がつく。

「人員が不足しているため」においては宿泊業、飲食サービス業55・9％、情報通信業38・3％、学術研究、専門・技術サービス業31・2％となっている。厚生労働省の「若年層の離職率に関する調査」によると宿泊業、飲食サービス業は3年以内離職率が約5割と、早期離職が問題となっている。

企業側の調査をまとめると、「顧客（消費者）からの不規則な要望に対応する必要があるため」「業務量が多いため」「仕事の繁閑の差が大きいため」が上位を占めている。業種による差も確認することができた。

残業が発生する原因を考える・労働者編

次に労働者側の調査結果を見てみよう**〈図12〉**（60〜61ページ）。業界を問わず全体のデータを追ってみると「人員が足りないため（仕事量が多いため）」が41・3％と最も多い。「予定外の仕事が突発的に発生するため」が続き、32・2％となっている。「業務の繁閑が激しいため」30・6％、「仕事の締切や納期が短いため」17・1％と続く。それ以外の選択肢はすべて10％を切っている。

企業向け調査同様、個々人の能力・資質に関する選択肢は低い値を示していた。メディアがよく日本の残業に関して取り上げる、会議や付き合い残業に関する項目も低い結果となっている。

課題別に、上位に入った業界を見てみよう。

「人員が足りないため（仕事量が多いため）」は宿泊業、飲食サービス業57・4％、情報通信業42・6％、学術研究、専門・技術サービス業と建設業が並んで39・0％となっていた。

「業務の繁閑が激しいため」に関しては、学術研究、専門・技術サービス業38・2％、宿泊業、飲食サービス業33・8％、教育、学習支援業32・2％の順で高かった。

「予定外の仕事が突発的に発生するため」に関しては、学術研究、専門・技術サービス業43・5％、情報通信業40・1％、卸売業、小売業34・6％の順となっている。

「仕事の締切や納期が短いため」は学術研究、専門・技術サービス業31・9％、情報通信業30・9％、建設業26・8％となっている。企業側調査と比較してみると、上位

調査)

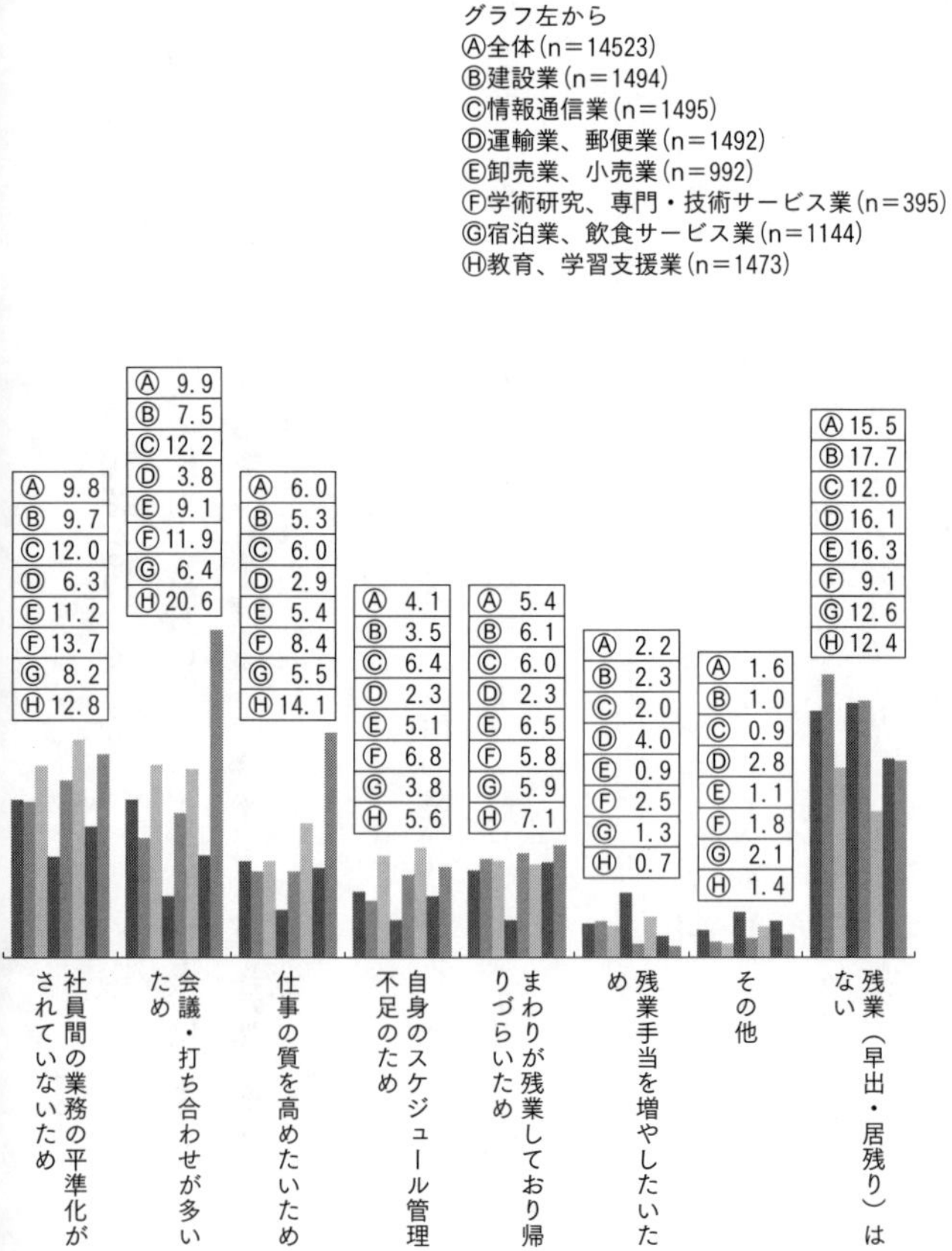
グラフ左から
Ⓐ全体(n=14523)
Ⓑ建設業(n=1494)
Ⓒ情報通信業(n=1495)
Ⓓ運輸業、郵便業(n=1492)
Ⓔ卸売業、小売業(n=992)
Ⓕ学術研究、専門・技術サービス業(n=395)
Ⓖ宿泊業、飲食サービス業(n=1144)
Ⓗ教育、学習支援業(n=1473)
Ⓐ 9.8 Ⓑ 9.7 Ⓒ 12.0 Ⓓ 6.3 Ⓔ 11.2 Ⓕ 13.7 Ⓖ 8.2 Ⓗ 12.8
社員間の業務の平準化がされていないため
Ⓐ 9.9 Ⓑ 7.5 Ⓒ 12.2 Ⓓ 3.8 Ⓔ 9.1 Ⓕ 11.9 Ⓖ 6.4 Ⓗ 20.6
会議・打ち合わせが多いため
Ⓐ 6.0 Ⓑ 5.3 Ⓒ 6.0 Ⓓ 2.9 Ⓔ 5.4 Ⓕ 8.4 Ⓖ 5.5 Ⓗ 14.1
仕事の質を高めたいため
Ⓐ 4.1 Ⓑ 3.5 Ⓒ 6.4 Ⓓ 2.3 Ⓔ 5.1 Ⓕ 6.8 Ⓖ 3.8 Ⓗ 5.6
自身のスケジュール管理不足のため
Ⓐ 5.4 Ⓑ 6.1 Ⓒ 6.0 Ⓓ 2.3 Ⓔ 6.5 Ⓕ 5.8 Ⓖ 5.9 Ⓗ 7.1
まわりが残業しており帰りづらいため
Ⓐ 2.2 Ⓑ 2.3 Ⓒ 2.0 Ⓓ 4.0 Ⓔ 0.9 Ⓕ 2.5 Ⓖ 1.3 Ⓗ 0.7
残業手当を増やしたいため
Ⓐ 1.6 Ⓑ 1.0 Ⓒ 0.9 Ⓓ 2.8 Ⓔ 1.1 Ⓕ 1.8 Ⓖ 2.1 Ⓗ 1.4
その他
Ⓐ 15.5 Ⓑ 17.7 Ⓒ 12.0 Ⓓ 16.1 Ⓔ 16.3 Ⓕ 9.1 Ⓖ 12.6 Ⓗ 12.4
残業(早出・居残り)はない

事業」(委託事業)

〈図12〉 所定外労働が必要となる理由（正社員〈フルタイム〉）（労働者

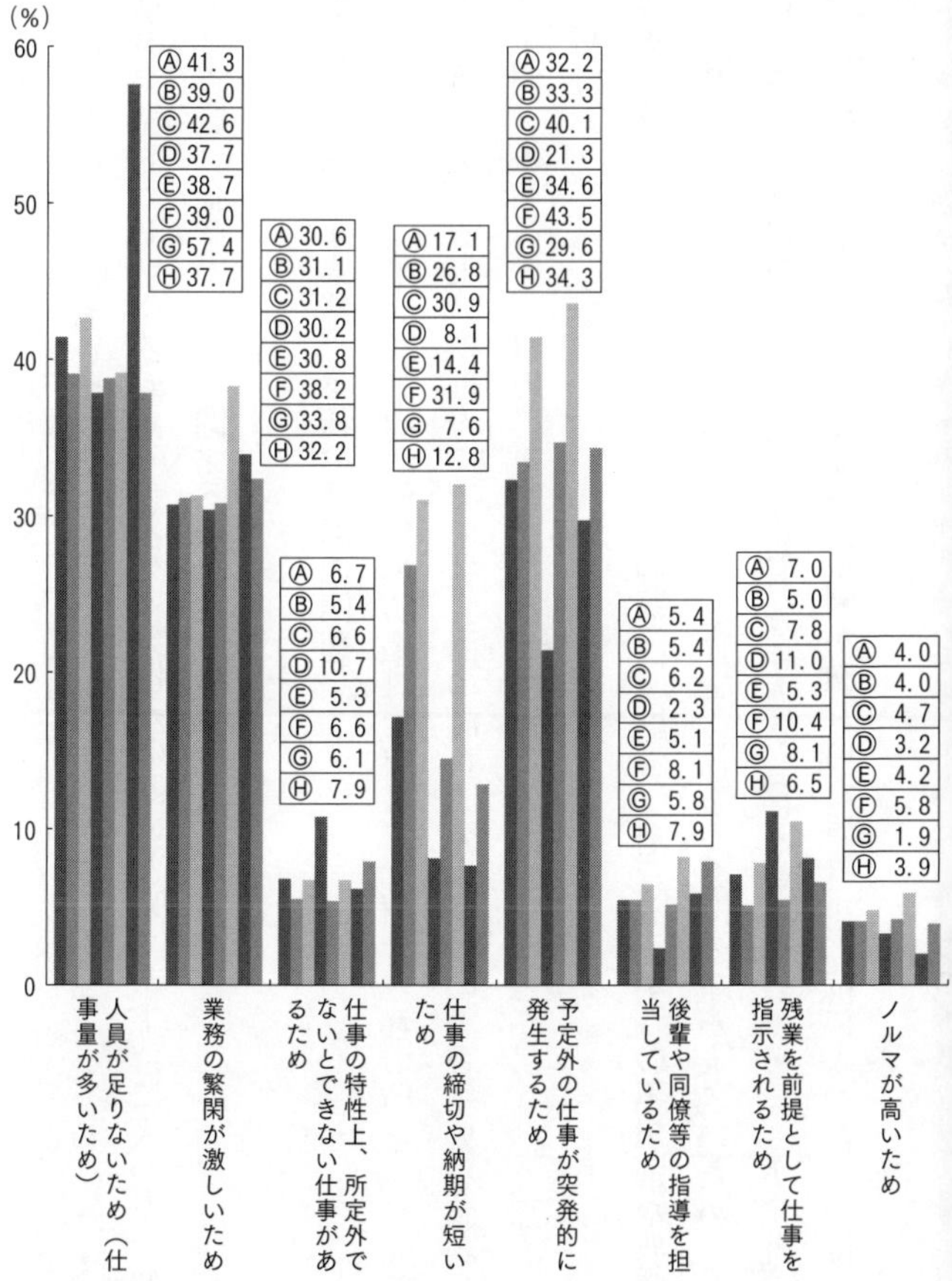

（資料出所）厚生労働省「平成27年度過労死等に関する実態把握のための社会面の調査研究

出所：厚生労働省『平成28年版過労死等防止対策白書』より

に入る業界は似通っているとも言える。

労働者側の調査においては「人員が足りないため（仕事量が多いため）」「予定外の仕事が突発的に発生するため」「業務の繁閑が激しいため」が上位に入った。個人の能力・資質、企業の体質に関する項目は上位には入らなかった。

仕事量、突発的な業務、業務の繁閑の問題

厚生労働省の『平成28年版過労死等防止対策白書』で紹介されている「平成27年度過労死等に関する実態把握のための社会面の調査研究事業」の調査結果を確認した。経営者側、従業員側、双方に対して行なわれたこの調査で明らかになった点を、今一度まとめよう。

残業が発生する理由として、企業側では「顧客（消費者）からの不規則な要望に対応する必要があるため」「業務量が多いため」「仕事の繁閑の差が大きいため」が、上位にある。従業員側では「人員が足りないため（仕事量が多いため）」「予定外の仕事が突発的に発生するため」「業務の繁閑が激しいため」が上位に入った。順位の差、

選択肢の表現の違いはあるものの、トップ３の顔ぶれが同様のものであったことに注目しよう。さらには、個々人の能力に関する原因ではなく、仕事のあり方や量によるものだということにも注目したい。

もちろん、この調査の限界もある。企業や従業員の回答をもとにしたものであり、業務分析を行なったものではない。だから、回答と実態が乖離《かいり》している可能性はある。もっとも、企業と従業員の声を拾いあげた貴重なものではある。

ここで、２００７年に独立行政法人労働政策研究・研修機構により発表された「経営環境の変化の下での人事戦略と勤労者生活に関する実態調査」の調査結果も確認しておこう。この調査は、経営者側と、労働者側に対して行なわれた調査だ。

経営者側に対する「長時間労働者が発生するのはどのような要因からだと思うか（複数回答）」という質問に対する回答は、「所定内労働時間では対応できない仕事量だから」が47・6％、「事業活動の繁閑の差が大きいため」が38・4％、「突発的な業務がしばしば発生するから」が36・3％、「仕事の性格上、残業や休日出勤などでないとできない仕事であるから」が32・5％である。

続いて、「取引先との関係で、時間を合わせる必要があるから」が29・5％、「最近の人員削減により、人手不足だから」が23・3％、「組織又は個人の仕事の進め方にムダが多いから」が16・2％となっている。

「仕事量」「繁閑」「突発的な業務」「仕事の特性」「取引先との関係」が上位に入っている。組織、個人の能力・資質に関する項目は下位となっている。

従業員調査においては、「所定時間では片付かない仕事量だから」が57・2％、「突発的な業務がしばしば発生するから」が45・9％、「最近の人員削減により、人手不足だから」が20・3％、「取引先との関係で、時間を合わせる必要があるから」が18・8％、「事業活動の繁閑の差が大きいから」が16・5％である。「仕事量」「突発的な業務」「人手不足」「取引先との関係」「繁閑」がキーワードとして上位に登場した。

10年前の調査であるが、厚生労働省による「平成27年度過労死等に関する実態把握のための社会面の調査研究事業」の調査結果で明らかになった残業の原因と重なっている。これは当たり前のようで、看過することのできない事実である。残業の原因となるものは、従業員としても、一部は経営者ですらコントロール不能なものが並んでいる。長時間労働是正を行なう際に、これらの原因に踏み込まなくては問題の本質は解決されない。

後の章で詳述するが、政府の「働き方改革」で論じられている取り組み項目や、各企業が取り組んでいる改革なども、これらの本質的問題に正面から取り組んでいるとは言えないものが散見される。長時間労働是正と言いつつ、周辺の部分の見直しや効率化を行なっているにすぎない。

私が出演したテレビ番組、ＮＨＫ「週刊ニュース深読み」の「働き方」特集では、ダラダラした会議、上司が残っているから帰れないなどが残業の論拠として挙げられていた。事前の打ち合わせでは、番組スタッフには何度も、会議よりも、上司との関係よりも仕事の絶対量や任せ方の問題だと主張した。番組スタッフを責めるつもりはない。テレビ番組にはわかりやすさと共感が必要だからだ。

しかし、データを見ても組織や個人で努力できるレベルを超えていることも、また事実である。この、残業ありきで会社どころか社会が設計されているという問題に、われわれは向き合わなくてはならないのである。

残業手当という魔物

別の切り口から残業の合理性について考えてみよう。残業というものは経営者側にとってメリットがあるものなのである。

労働者を増やすよりも、労働時間を延ばして残業で対応した方が、費用が安くすむ可能性があるからだ。労働者を一人前に育てるためには時間もコストもかかる。これらは固定費とみなされる。労働者数を抑制し、労働時間を延長して仕事の増減に柔軟に対応した方が安くすむ場合がある。

時間外労働の割増手当は、わが国では2割5分以上であり、休日出勤が3割5分以上、さらに2008年からは労働基準法の改正により60時間以上の残業に関しては5割以上（中小企業に対しては移行措置あり）となった。ただ、これは企業にとっては労働者を増やすことなく、柔軟に繁閑に対応することができるのでメリットがある。労働者にとっても、割増手当を受けることができる。

法定労働時間を超えて労働させた場合に、過料《かりよう》が科せられる国（ドイツ）、違警罪としての罰金が適用される国（フランス）などとは考え方が違う。

これはシステムの違いとして捉えるべきである。好況期には残業で対応し、不況期には残業と賞与を抑制して乗り切る国と、その分の人員を削減することで乗り切る国のモデルの違いである。

労働者としては残業手当が生活費化している者もおり、企業にとって残業は、手当を払ってでもメリットがあるものなのである。

仕事の任せ方と残業

日本における残業の根本的な問題は、仕事の任せ方である。残業は仕事の任せ方に起因する部分があるのだ。

言うなれば「仕事に人をつける」のか「人に仕事をつける」のかという違いである。簡単に言えば、前者が欧米型で後者が日本型だ。言葉遊びのようだが、これはまったく異なるものである。ジョブ型とメンバーシップ型の違いである。濱口桂一郎《はまぐちけいいちろう》氏

（労働政策研究・研修機構労使関係部門統括研究員）の言葉を借りるならば、日本企業の雇用契約は「空白の石版」である。後からいくらでも業務内容が書き換えられてしまうのである。

「仕事に人をつける」という世界観では、業務内容や責任などを明確にすることができる。そうであるがゆえに、仕事が定型化しやすい。仕事の引き継ぎもしやすい。採用時も仕事が定型化、標準化しているので、選考時にその業務に合った人材かどうかを判断しやすい。

一方、「人に仕事をつける」という世界観においては、ある人に複数の業務が紐付けられることになる。特に中堅・中小企業においては営業、企画など職種を超えた仕事が任せられることもある。これを繰り返していくと、仕事の範囲が無限に広がっていく。複数の仕事を担当するがゆえに、仕事の終わりが見えなくなる。これもまた、残業時間の増加につながってしまう。

もっとも、この「仕事に人をつける」のと「人に仕事をつける」という2つについてどちらが良い、悪いと白黒をつけようとするのは、ナンセンスだ。これまでの記述では、「人に仕事をつける」という世界観が悪いかのような印象を受ける方もいることだろう。メディアは日本型か欧米型かと白黒をつけようとする。しかも、あたかも日本型が劣っているかのような論調になりがちだ。もちろん、伝えやすくする配慮なのではあるが、時に印象操作にすらなる。

一部では階級や職種による違い、時系列などを適切に捉えていない誤解に満ちたものすら発信され、信じられてしまう。「欧米」と言うが、欧と米では異なるし、国や地域、階級、職種による違いを意識して丁寧に議論しなくてはならない。

言うまでもなく物事には長所と短所がある。さらに、それは局面により変化する。雇用・労働のシステムにおいては、白黒をつけるのではなく、たとえば家電などの比較表のように考えると良い。Aという点では、こちらが◯だが、Bという点では×や△というようにだ。

「人に仕事をつける」システムにもメリットはある。人のマルチタスク化、多能工化が進む。それぞれの専任を雇わなくてもすむ。専門以外のスキルを身につけることもできる。人員の増減にも柔軟に対応することができる。ある部門が撤退することになっても、他部門に異動できる可能性がある。逆に「仕事に人をつける」モデルでは、人事異動なども柔軟に行なうことができない。

日本型の雇用システムに関して、もう一つ論点を提示しよう。それは、「誰もが昇進・昇格を目指す」という世界観である。

正社員で総合職なら誰でも昇進・昇格を目指して競争させられるという、システムの問題だ。誰にでも管理職以上のポストが約束されている時代ではないのにもかかわらず、メンバーシップ型雇用のもと、半ば強制的に出世競争に巻き込まれていく。一方、管理職になれなかった者も、給与を下げられないまま、社内に滞留《たいりゅう》してしまう。これが日本的雇用の負の側面である。

余談になるが、私は会社員を辞め、大学院に入り直した2012年に『僕たちはガンダムのジムである』(ヴィレッジブックス、文庫版は日本経済新聞出版社)を発表した。世の中の人は、自分のことをまるで『機動戦士ガンダム』で主人公アムロ・レイが乗るガンダムのように思っている。ただ、実際は量産型モビルスーツのジムのようなものではないか、でもそれの何が悪いのか、という問題提起である。この本は、普通の人の普通の働き方を論じたものだ。誰もがガンダムになれると思いこまされて、競争させられる社会も罪だと考えたからだ。

この本は私の代表作となり、法学者・経済学者・社会学者の書籍などでも引用され、２０１６年10月４日には衆議院予算委員会の代表質問でも民進党の大西健介《おおにしけんすけ》衆議院議員が引用した。日本経済新聞でもしんぶん赤旗でも紹介された、という稀有《けう》な本だ。この主張は今考えてもまったく間違っていなかったし、むしろ時代の先をいく提案だったと確信している。

このように、日本における仕事の任せ方自体が残業を誘発してしまうという構造も、頭に入れておきたい。

労働市場と残業

今度は労働市場と残業という観点で考えてみよう。これまで仕事の任せ方が残業を誘発すると指摘した。さらに、そこを補うために人材をどう補充できるかという点も残業が発生する原因なのである。

メーカーで商品企画を担当しているA氏という若手社員がいたとする。A氏が毎日のように、定時の18時に対し、21時に退社しているとする。毎日、約3時間の残業だ。営業日が20日だとすると、月間60時間だ。長時間労働の基準は週に49時間なので、それを大きく超えている。A氏が長時間労働をしている理由としては、A氏に任せる仕事の量、仕事をこなすスキル、仕事の効率などが予想され、それを改善することが期待される。

しかし、ここで前提から疑わなくてはならないことがある。それは、「なぜ、その業務はA氏がこなさなくてはならないのか」という視点である。別にA氏ではなく、B氏が業務を引き継げば良いのではないか。工場などでは「直」という考え方がある。いわゆるシフトのようなものだ。出勤時刻や、担当する時間帯が分かれており、シフトを組むことにより、ある製品を24時間体制で生産することができる。

A氏の残業を減らすため、同じくらいのビジネススキルを持ったB氏を雇用することにより、A氏の長時間労働を是正する案を考えてみた。A氏の業務をB氏と分割することにより、A氏の残業は減らすことができるのではないか。

しかし、この素朴《そぼく》な提案を読んで、読者の皆さんはNOと言うことだろう。人を新たに雇うということは、人件費の総額アップにつながると考えるはずだ。逆に言うならば、人を増やす余裕がないので残業でカバーしていることがわかる。

なぜ残業が発生するかのメカニズムにこれは関係している。前述してきたように、残業をすると、残業手当というコストは発生するものの、新たに人を雇うことと比較すると、人件費を抑制することができるという側面があるのだ。

ただ、問題はこれだけではない。仮にA氏と同じだけのスキルを持ったB氏を採用することを選択したとする。しかし、B氏は簡単に採用できるのだろうか？

新卒一括採用至上主義という批判がありつつも、日本の労働市場における人材の採用手段は多様化している。企業の多角化、人員構成の最適化、人手不足への対応など、理由はさまざまだが、企業は新卒採用だけでなく、中途採用にも力を入れるようにはなった。

もっとも、新卒採用にしろ、中途採用にしろ、「力を入れる」ことと「採用できる」ことは別である。内部労働市場化が進んでいる日本においては、人材が企業に抱え込まれる状態になるがゆえに、外部の労働市場において人材を採用できるとは限らないのである。この過度に進んだ内部労働市場については、かねてから雇用の流動化が叫ばれ続けているが、流動化が進んだところで、自社の業務に合った人材を採用できると約束されるわけではない。

では、仮にA氏と同じだけのスキルを持ったB氏を採用できたとしたらどうなるだろうか。それでも簡単に仕事を彼に引き継ぐことはできない。

わかりやすく「同じだけのスキル」と書いたが、厳密にはそのような人と出会うことは困難である。というのも、日本企業における仕事というのは業界や職種で共通のものだけではなく、各社に個別の業務というものが存在するからだ。これに慣れるまでに時間がかかる。

もちろん、個々人の業務量を見直すことにより改善を行なうことは可能ではある。A氏の仕事のうち、ルーチンとなっている部分を派遣社員に任せる、外部にアウトソースするなどである。ＡＩ（人工知能）に置き換えるという議論すらありうるだろう。ただ、皮肉なことにこのやり方は、ますます正社員の業務の属人化を誘発する可能性を秘めている。

今後、労働力人口はさらに減っていく。「就職氷河期」ならぬ「採用氷河期」が始まっている。ますます人材の争奪戦は過熱していくが、採用が困難な企業は今後、社員の業務負荷が重くなっていく可能性は否定できない。

このように、そもそも代替可能な労働力を手に入れることの難易度が高い、という事実を確認しておきたい。

残業はなぜ悪か？

ここまで、残業が発生する原因と、その合理的な側面について述べてきた。しかし、別に私は残業を礼賛するつもりはない。次の観点から、残業については是正しなくてはならないと考えている。

1. 安全衛生管理の問題
2. 労働への参加者を制限する側面

3．ワーク・ライフ・バランス、クオリティ・オブ・ライフの問題

この3点である。順に説明する。

1．の安全衛生の問題は人の命に関わる問題であり、ゆえに最も重要な問題であるはずだ。労働時間が長くなると、各種疾病にかかりやすくなる。

現在も、過労死については病気になる直前1カ月に100時間、病気になる前の2～6カ月の平均で80時間の時間外労働が認められると、労災に認定される可能性が高くなる。労働時間と健康に関する研究も積み重ねられてきている。

もともと日本の労働法の歴史を振り返ってみても、時間の規制は安全衛生管理の側面から行なわれた。過労死や、精神疾患を防ぐ意味でも、残業は抑制しなくてはならない。

2．の労働への参加者を制限する側面とは、長時間労働ありきのために、正社員総合職になるためには、それを前提とした働き方をしなければいけないという点である。多様な人の社会参加を限定する可能性がある。特に育児や介護と両立する人など

の参加を制限する側面がある。

これについて単に長時間労働を抑制するだけではなく、働き方の多様化を検討するべきだ。多様な人が労働に参加しやすくするという観点だけではなく、男性正社員の働き方も多様化させるという発想が必要だ。多様な人の参加ありきの改革は、うがった見方をするならば「雇ってあげている」という感覚の、福祉的、社会貢献的な意味のものになりがちだ。

多様な人に活躍してもらうために多様な働き方を用意するのと、多様な働き方を用意して多様な人に活躍してもらうのは、似て非なるものである。現在の日本では渾然《こんぜん》一体となった議論が展開されている。後者の発想こそ、男性の働き方の多様化も促し、多様な人々の社会参加を実現するし、何より企業としても成果を出しやすいのではないだろうか。

３．のワーク・ライフ・バランスとクオリティ・オブ・ライフもまた違うものではある。人生は仕事だけではない。仕事と生活をそれぞれ充実させるための取り組みが必要である。

このような観点から、残業が悪であるということは認識するべきなのである。しかし、その合理性という魔力とわれわれは向き合わなくてはならないのだ。

第3章 私と残業

この章は、私の残業体験記である。これまでの仕事人生において、どのように「残業」をしてきたかを振り返り、考察する。「残業」に関する問題意識を明らかにするためだ。

残業研究の本に自分語りを載《の》せるのはやや躊躇《ちゅうちょ》したが、現場レベルで起こっている問題を知るための貴重な資料になりえると考え、掲載することにする。会社員の方は、共感していただけることだろう。ここでは単純に法律や制度では規制しきれない残業の根深さを浮き彫りにする。

新人と残業

私は1997年に株式会社リクルート（現リクルートホールディングス）に入社し、通信サービスの事業部に配属された。新人配属部署としては珍しく、半年間にわたって研修が行なわれた。この半年間で、事業部内のさまざまな部署を経験させ、商品・サービスに対する理解を深めさせるという会社側の意図がある。

この半年間、私は月間平均80時間程度の残業をしていた。商品に関する座学の研修の他、飛び込み営業研修、電話のアポ取り研修などがあり、さらには実際に営業を経験する。しかし、スキルが習熟していないがゆえに、すべてが上手くいかない。

　営業の訪問準備にも時間がかかる。当時はインターネットが出始めの時代で、ネット上に情報が豊富に転がっているわけでもない。企画書、見積書などを作るのだが、顧客への提供価値、企画の斬新《ざんしん》さなどはもちろん、ストーリー展開や、言葉遣《づか》いにいたるまで未熟な部分だらけだ。そのため、上司や先輩から指導を受け、なかなか帰ることができなかった。

　営業のロールプレイングや、営業会議への出席などもある。顧客からの宿題にも対応しなくてはならない。新人は日報記入もある。事業部ごとの研修だけでなく、全社の新人研修もたまにある。先輩方も新人を可愛がるためという理由から、食事に誘ってくれる。さらに、月末のシメの宴会では芸をしなくてはならない。その準備にも時間がかかる。新人ならではの雑務も多かった。

　結果として、毎日が終電帰りだった。帰宅すると１時近くになっていた。シャワーを浴《あ》びて寝るのがやっとだった。

ルールやマナーを知らないがゆえに、上司や先輩、さらには顧客から叱責《しっせき》を受けることも多かった。新人時代に基本を叩き込むという意味で、ややきつめに叱る人もいた。中には、今ではパワハラに認定されそうなものもあった。ただ、多くは自分に責任があるものではあった（少なくとも私にはそう感じられた）。単に労働時間が長いだけでなく、これらによるストレスも大きかった。

「この会社に入ってよかったのか」「これは自分が東京に出てきて、大学を出てまでやりたかったことなのか」「これが何に役立つのか」という、新人ならではの悩みもあった。これもまたストレスにつながるものだった。

唯一、良かったことと言えば、残業手当が青天井《あおてんじょう》でついたことだった。新人だからまだ給料が高くないとはいえ、月によっては100時間も残業すると、手取り収入は相当な額となる。ほぼ毎月、手取りで36万円くらいもらっていた。その後、なかなかこの頃の月収を抜くことができなかった。生活もやや派手になってしまい、手元にお金は残らなかったが。

戸惑《とまど》いつつ、仕事にまみれ、長時間労働を繰り返した新人研修時代だった。

まとめ

・新人時代は、教育的意味もあり業務量が増える。
・実際の仕事以外の研修や雑務が労働時間を増やす。
・スキルが低いことにより労働時間が増える。
・単に労働時間だけでなく、精神的なストレスも多い時期である。
・残業手当は若手の感覚を麻痺《まひ》させる。

営業職と残業

半年間の研修を経て、私は1997年10月に通信サービスの営業部に正式に配属された。私が最初に配属された課は、新サービス、新市場に特化した部署だった。

営業職ならではの忙しさを体感した。日中は1日5件の顧客訪問が課せられる。並行して、訪問先のリストアップやアポ取り、企画書作りもしなくてはならない。顧客からも宿題をいただく。調べて回答しなくてはならない。

本配属されて大きく変わったのは、営業目標と、担当顧客を持ったことだ。営業目標は当然、達成しなくてはならない。上司や先輩に比べるとまだ目標金額は少ないものの、目標は目標だ。金額が少ないなりに、私の数字は部や課の達成にも関係する。

そのため、そして、さらには若手の教育的意味も含めて、営業会議はいつも白熱し、目標に対する達成度、商談内容などに関して徹底的に問い詰められる。いかに学生時代の考えが甘かったかという話になるのだが、営業とはここまで辛いものだとは思わなかった。

顧客からの依頼を待っていては市場は広がらない。自分から攻めるうえ、受注金額を上げ、少しでも納期を前倒しするよう創意工夫する。営業から戻ってきた後に、2時間程度、会議は続く。フラフラになった状態で、顧客に提出する資料作りを行なう。体力的にも辛いが、心理的なプレッシャーが辛かった。

顧客からの急なオーダーでバタバタすることも多かった。これは顧客との関係構築の仕方にももちろん問題があった。だが、顧客に振り回されるのも、営業職が忙しくなる理由である。

なお、当時は電子メールが出始めの時代で、お礼状は手書きだった。新人は必ず手書きで毎日書け、と言われていた。もともと手書きが苦手なうえ、文面について上司・先輩からダメ出しをされることもあり、何度も書き直した。

その上司や先輩たちだが、彼らも遅くまで残っていた。夜中の2時、3時に課の全員が残り、企画書を書いていたのもよくあることだった。新人ならではの未熟さもあったが、周りの人も残っていたので、帰宅しにくかった。たいてい、終電かタクシー帰りだった。

終電の日は、独身寮の若手と一緒になる。彼らと駅の近くの中華料理屋で2時まで飲み、夜の営業会議が始まる。ガス抜きにはなったが、朝から晩まで会社の人といる生活だった。

若手ならではの雑務、研修、宴会幹事などの仕事が多かったのも、まったく変わらない光景だった。仕事をこなしきれず、土日のどちらかの半日は会社に行っていた。

なお、残業手当が青天井で支払われた新人研修の頃と違い、営業職は、みなし残業

（事業場外みなし労働時間制）となった。営業手当、成果対応手当などが支払われた。売れている先輩は、いつも早く帰り、高額のインセンティブをもらい、目標達成をした後はハワイ旅行に出かけたりしていたのだが、売れないと〝定額使い放題〟もいいところだった。

これが新人営業職時代の残業の実態だった。労働時間と賃金を切り離す議論がされているが、負のシナリオではこうなってしまう可能性があるのだ。

まとめ

・日中は商談など顧客対応に没頭するので、残業しなくては業務が回らないようにできている。
・会議が18時以降に行なわれるので、残業はせざるをえないものになっていた。
・急な顧客対応により残業が発生する。
・周囲が残っていると帰りづらい。

・若手ならではの雑務が、残業を増やす。
・みなし残業は、場合によっては〝定額使い放題〟になってしまう可能性がある。

企画職と残業

入社3年目の1999年の4月に、私は営業企画関連の部署に異動した。その後の会社員生活はほぼ、広い意味で企画の仕事をしてきた。自分は営業よりも企画の仕事が向いていると思ったし、実際に以前よりも仕事の成果のようなものを出すことができるようになった。

しかし、残業地獄はまったく解消されなかった。やはり月平均80時間は働いていた。なぜ、残業がこれほどまでに長かったのか。業務量もさることながら、打ち合わせの回数、さらには企画書を書くための時間が原因だった。打ち合わせを商談に置き換えると、営業時代とまったく変わらない。

企画職になってから社内外の打ち合わせが大幅に増えた。1日、最低3回は会議があった。営業企画系の部署のため、営業担当と打ち合わせをする機会が多いのだが、彼らは昼間営業に出ているので、午後6時以降の会議がマストとなった。

会議のための資料準備にも忙殺された。特に部長や課長たちの定例会議の前に、資料を準備しなくてはならない。月曜の午前10時に始まる会議の資料の準備は、金曜の夜には終わらないことも多く、毎週末資料作成のために半日程度出勤していた。

企画職にとっての顧客とは、社員、特に営業担当者であり、その先にいる顧客である。特に営業企画の仕事においては、主に営業担当者と接する。彼らは今まで営業で接していた顧客がかわいく見えるほど、要求する仕事の難易度や完成度が高かった。わがままであるとも言える。もちろん、私の方で、期待値の調整などすり合わせが甘く、仕事を全部受けてしまったということもある。依頼主によって仕事が肥大化していく。

異動したばかりの頃は、不慣れで残業が増えてしまったことは言うまでもない。一方、この頃から残業の高揚感《こうよう》というものを味わうようにもなった。仕事が面白いがゆえに、どこまでも残ってしまうという時期も中にはあった。希望通りの、しかも自分に向いている仕事に就くことができたという満足感もあった。
営業から企画に異動しても、仕事は人と一緒に進めるものであり、人からいただくものであるという本質は変わらず、残業の連鎖《れんさ》がうまれていた。

まとめ

・企画職になっても、顧客が社内の人間になるだけであり、自分以外の要因で残業が増えるという構造はまったく変わらない。
・会議の連続、そのための資料作りが残業を誘発する。
・期待されるアウトプットのすり合わせが下手だと、仕事は肥大化してしまう。
・異動があると、引き継ぎや習熟度が上がるまで、残業は増える。
・仕事への満足感もまた残業を増やしてしまう。

ベンチャー企業、新規事業など「新しい仕事」と残業

ベンチャー企業や新規事業に対する期待感は大きい。メディアでも、日本の成長にはイノベーションが必要だと叫ばれる。ベンチャー企業を創業する者、それに対して出資する者たちもいる他、大企業の中でも、新規事業が多数立ち上げられている。

もっとも、想像がつくかと思うが、「新しい」ものに関わるということは、新しい仕事を創り出すということである。未経験なものであるがゆえに忙しくなる。これまでの人生で、ベンチャー企業で働いたこと、新規事業や新商品を担当したことがある。その体験をもとに考えることにしよう。

ベンチャー企業の忙しさは、その企業のステージによって質が異なる。特に初期段階においては、方針も明確ではなく朝令暮改《ちょうれいぼかい》どころか朝令朝改だ。方針をめぐっては経営陣や社員の他、出資者との関係もあり、何度もブレる。企業内の新規事業においても、社内の他部署との調整というものが常に発生する。企画書を作り始めて少し経《た》って、その努力が水泡《すいほう》に帰《き》すなどということもしょっちゅうだ。

仕事は増え続ける。仕事が定型化されていないのは言うまでもない。社内インフラ

も十分ではなく、企画書のためのデータ出しにも時間がかかる。人員も十分ではなく、一人で何もかもやりきらなくてはならない。

私はトヨタ自動車とリクルートの合弁会社の立ち上げに出向者として関わったことがある。その頃は営業企画と広報、そしてＩＴの担当だった。

営業企画はそれまでに丸３年の経験があったが、広報は初めてだった。しかも、立ち上がったばかりの企業なので経験者がいない。親会社の広報担当に教えてもらったり、社外セミナーに通ったり、広報マニュアル本を買い漁《あさ》るなどして覚えた。

もっとも、広報は営業企画のノウハウが活《い》きること、もともとメディアが好きであること、大学時代の人脈などでメディア関係者がいたこともあって、苦労はしなかった。初期段階では対応ミスなどいくつかの失敗を重ねてしまったが、メディアと関わることができ、楽しく仕事をすることができた。ここでの経験は、著者となりメディアを通じて情報を発信すること、取材対応のポイント（自分がされる場合も、する場合も）などを学ぶことができた。

ただ、ＩＴ担当に関しては、まったくの未経験だった。消去法で任された仕事だった。当時の出向者の中で、最も若くてPCに詳しそうという理由からだった。メインミッションである営業企画やマーケティングの片手間《かたてま》でいいからとのことだったが、これがまったく片手間で終わるものではなかった。

新しい社員が増えるたびに、PCなど機器の買い付け、アカウントの設定、IT環境の説明などを行なわなくてはならない。広報として、クライアントの東証一部上場企業社長と、大御所ジャーナリストの対談の立ち会いに参加した後に、会社近くの家電量販店に行ってLANケーブルを購入し、床を這《は》い回って挿《さ》すなどということも体験した。

私もITに詳しくないが、他の社員は私よりさらに知識が足《た》りない。社内コールセンター状態になり、企画書に集中している時も常に声がかかり、対応しなくてはならなかった。PCが上手く動かない、出先でのモバイル接続が上手くいかないなどのトラブルがあるたび、いつも電話で烈火《れっか》のごとく八つ当たりされるという日々が続いた。決して片手間の業務ではなく、かなりの時間をこのために費やしていた。日々、きつい口調で当たられるので、疲弊した。

ベンチャー企業においては、優秀な人材の獲得も困難だ。もちろん、ベンチャー企業＝採用困難企業というわけではない。社長が会社員時代の部下や、大学時代の友人はもちろん、有望な若者を口説《くど》き落として入社させている。マンションの一室やシェアオフィスを拠点としているようなスタートアップベンチャーでも東大の大学院生を採用することはできる。

社長の人間的魅力、ビジョン、仕事の面白さ、企業の成長性、若くして大きな仕事を任されることなどの魅力を訴求《そきゅう》し、口説く。ベンチャー志向の若者は一定数いるので、有名大学の学生を獲得することは不可能ではない。

もっとも、これは上手くいった場合だ。実際には人手が足りず、妥協《だきょう》して採用せざるをえないのもベンチャー企業の実態である。能力・資質、さらには基本的なマナーや生活習慣に問題がある者も採用せざるをえない場合がある。自分の勤務したベンチャー企業は比較的、恵まれていた方ではある。

取引先のさまざまなベンチャー企業を覗《のぞ》いてきたが、社長や経営陣、エースクラス以外は、能力的に難《なん》がある人材が多数雇われている様子を目撃してきた。このような者たちに、過酷《かこく》な目標が与えられ、使い潰されていく。

徐々にビジネスモデルが固まり、成長戦略が見えてくると、別の忙しさが待ってい
る。成果を出すために、必死に売るという意味での忙しさだ。

なお、上場していようがいまいが、ベンチャーは資金をどうするかという問題に常に向き合わなくてはならない。出資者の顔色を常に窺《うかが》わなくてはならない。株主間の利害調整、大人の事情に付き合うことにより、方針はブレるし、これにより業務量も増える。会社を回すために、やや本業の範囲外の仕事も受けざるをえないことだってある。

このように、忙しいことは言うまでもないうえ、さらには先行きが不透明であることと、物事のルールが決まっていないことに対するストレスというものも存在することを忘れてはいけない。それでも、道なき道を進むこと、一攫千金《いっかくせんきん》を目指すことに人は喜びを見出してしまうのだが。

まとめ

・ベンチャーや新規事業には、社内のルールや体制が固まっていないがゆえの忙しさというものがある。
・一人で何役もこなさなくてはならない。
・優秀な人材を確保するのも困難である。
・ステークホルダー（利害関係者）との関係によるストレスというものもある。
・会社を回すために、本業からやや外れた仕事を受け、疲弊するということもありえる。

出張と残業

２００２年くらいから出張が多い生活をしており、毎週のように、日本のどこかに出かけている。国内出張だったら、私は宿や交通手段の手配から、荷物の準備までだいたい10分あればすべて終えることができる。それは、このような生活を長年送ってきたからである。

特に出張が多かったのは、リクルートで宿泊予約サイト「じゃらん」の営業企画をしていた頃と、バンダイで人事担当者をしていた頃である。前者は観光地で、宿の経営者や宿泊予約担当者に対してサイトの効果的な活用ノウハウをお伝えするセミナーを、後者は全国で、企業説明会を行なうためのものだった。

前者においては、講演を行なう場所が観光地であるがゆえに、始発の新幹線に乗り、さらに他の電車に乗り換え、片道3～4時間で移動するということがしょっちゅうあった。現地で講演の仕事をした後、会社に戻り、遅れている仕事をこなし、次の講演の準備をした。そんなことの繰り返しだった。

私の仕事はやや特殊なように見えるかもしれないが、地方の拠点の閉鎖などに伴い、大都市を拠点としつつ、地方に出張して働く人たちは一定数いることだろう。

出張があると、その前後が忙しくなる。事前準備と、出張中にできなかった仕事をこなすためだ。今やモバイルPCや、スマートフォンが当たり前に使える時代ではあるが、とはいえ、移動中にはできない仕事というものはある。個人情報や機密事項を扱う仕事などは本来はやってはいけない仕事だ。

最近は新幹線でも電源が完備されてきているし、Ｗｉ－Ｆｉも飛んでいるが、必ず使えるわけでもない。電波がつながらないエリアもある。さらには、たとえ昼寝をしていようとも移動で疲れてしまう。

なお、出張中の移動時間を労働時間と捉えるかどうかについては次の２つの視点で考えなくてはならない。

①賃金支払い義務が生じるか
②労災との関係で労働時間に含まれるか

まず、①の賃金支払い義務が生じるかどうかでいうと、移動時間分の賃金を支払う必要がないと捉えられている。日本企業では代わりに「日当」等で手当てをする。
②の長時間労働による労災における「労働時間」については、概ね出張の移動時間や通勤時間も含める方向で考えられている。

いずれにせよ、あくまで個人的な体験ではあるが、出張は楽しく、辛いものである。疲労が蓄積されるからだ。

このように、出張もまた残業時間を増やす要因になっていたのであった。ここ数年、九州、北陸、北海道と新幹線が新たに開通している。交通インフラの整備は世の中を便利にするのだが、これにより出張が増える可能性がある。この出張もまた、労働時間を増やすことにつながる可能性があるのだ。

まとめ

- 出張はその前後の日の残業を誘発する。
- モバイル環境が整っても、出張先ではできない（するべきではない）業務が存在する。
- 移動時間に寝ていようとも、疲労は蓄積される。

管理部門と残業

管理部門で働いていた時の経験を話そう。この時は、残業時間で言うと、修羅場《しゅらば》だったわけではない。せいぜい、労働時間につけるべきかどうか微妙な出張の移動時間が重なっていたくらいだ。ただ、「残業してはいけない」というプレッシャーもまた辛いものであるということを認識した。一方、ホワイトカラーの仕事の工数管理（作業のプロセスと量の管理）は可能であるということにも気づいた。

世の中には、営業部など現場の発言権が強い企業と、そうではない企業がある。アグレッシブな組織風土の企業ほど、現場の発言権が強くなるし、経営側も現場の言うことを聞くふうを少なくとも装《よそお》う。管理部門はコストセンター（コストは集計されるものの利益は集計されない部門）だとみなされる。だから、残業は抑制するべきだという話になる。現場の言うことを大事にしているようにも振る舞わなくてはならない。

採用担当者をしていたので、企業説明会やパンフレットや採用サイトの作成、面接、内定者フォローなどに現場の社員に協力してもらうのだが、ひたすら下手《したて》に出なければならなかった。丁寧に対応したつもりでも、ちょっとした粗相《そそう》や、気に食わない対応があれば、文句を言われる。

もちろん、管理部門はミスがあってはいけない世界なのだが、現場からの人事に対する妙な怒りのようなものを感じつつ仕事をしていた。採用担当は配属や異動や昇進・昇格、ましてや給与などには関わらないのだが、人事に関する普段からの怒りというものを赤裸々《せきらら》にぶつけられることもあった。

怒りの原因でわからなくないものもあった。「また使えない若者を採《と》りやがって」「企業を美化して伝えやがって」というような怒りを現場は持つものである。

もっとも、現場にとってすぐ使いやすい若者を採るのは企業にとって得策ではない。新卒採用とは未来をつくる行為だからだ。実際、私が採用に関わった人たちは現在、企業を支えているし、エース的な人も誕生していると聞く。しかし、管理部門は現場からはこのようなプレッシャーを受けつつ働くものなのだ。

コストを上げないために、残業してはいけないというプレッシャーを受けつつ働いた。残業時間は毎月、44時間半を超えないように努力していたが、残業時間を減らすというのも苦痛を伴うものだということがよくわかった。

とはいえ、採用のピーク期は普段の倍以上の残業時間だった。会社説明会と書類選考、面接を並行して行ないつつ、来期の企画も進めなくてはならない。ただ、就活生の前では常にエネルギッシュかつ誠実な人事を演じ続けなくてはならないのは、いくら若者が好きでも辛かった。

この時に学んだことは、工数の管理である。管理部門はコストだと捉《とら》えられるがゆえに、プロセスを細かく記録しなくてはならない。よく、スタッフ職の仕事は分析することができないという話になるが、それは嘘だ。ホワイトカラーの仕事の工数管理のポイントを学んだのも、この時期だった。

このように、残業をよしとしない管理部門で、いざ残業の少ない仕事をしようとしても、今度はそのためのプレッシャーというものがかかるわけである。もっとも、ホワイトカラーも工数管理は可能だということを身をもって理解したのだった。

まとめ

・管理部門は、営業部門など、利益を上げている部署に気を使わなくてはならない。
・残業をしてはいけないというプレッシャーが、仕事に緊張感をもたらす。
・工数管理は行なうべきであるということを学ぶ。

自由な働き方と残業

「働き方改革」をめぐって、副業や兼業、テレワークの推進など「自由な働き方」「柔軟な働き方」の検討が行なわれている。しかし、「自由」「柔軟」という言葉に騙《だま》されてはいけない。

私は会社員時代の２００６年からライターとしての活動を始め、２００７年には著者デビューした。それから２０１２年までは会社に所属しつつ、これらの仕事をこなしてきた。２０１２年には会社を辞め、フリーランス活動をしながら大学院に通った。２０１４年に大学院修士課程を修了し、それから1年はフリーランス活動に専念。２０１５年から大学教員になった。現在も、大学の外で執筆、講演、コンサルティング、メディア出演などの活動をしている。

働き方改革で論じられているような「自由」で「柔軟」な働き方を、約10年実践しているということになる。この期間で実感した「自由」と「柔軟」の罠《わな》について述べよう。

まず、副業だ。結論から言うと、副業は実際問題としては職場の理解や、個人による時間の管理が必要だ。

職場の理解については、上司が認めていようと、社内に制度があろうともそれは関係ない。働く当事者としては、一人でも副業について理解していない人がいるならば、ネガティブな反応を覚悟しなくてはならない。たとえ、本業で成果が出ていて、前向きな姿勢で取り組んでいたとしても、サボっている人と認定されてしまう。

大企業に所属していながら、書籍をリリースした際も、許可をとるのは簡単ではなかった。出した際も、おかげ様で賞賛の言葉もいただく一方で、会ったこともない人から「けしからん奴」と認定され、悪口を言われたこともあった。

副業OKの前提でベンチャー企業に飛び込んだのだが、取材対応、講演、打ち合わせなどで外に出る際には会社に迷惑をかけていると感じた。その手のアポのために、会社の予定をずらさなくてはならない際には、「いつになったら会社の仕事をしてくれるのか」というプレッシャーを感じたこともある。基本、平日は会社の仕事を最優先にするということを自らのルールにしていたのだが、副業が捗《はかど》ってくるとそういうわけにもいかないのである。副業は遊びではなく、れっきとした仕事なのだ。

時間管理、健康管理も課題だ。会社勤めをしながら副業をしていた頃は、毎週末と平日の早朝と夜をすべて副業に費やしていた。週末を2日連続、休んだことはほぼなかった。会食も、仕事の打ち合わせが中心だった。当時は必ず毎週1、2回はマッサージに行っていた。腰痛がきつかったこと、そして睡眠時間を確保するためだ。

その後、会社で行なっている人材コンサルティングの仕事よりも、副業であるはずの執筆業、講演業、メディア出演などがメインの仕事となってきた。人材コンサルティングの仕事も、私を指名したものが増えてきた。大学院進学も決まった。これは潮《しお》時《どき》だと思い、私は会社を辞めた。副業の位置づけ、やり方は多様だが、「いつまで副業をやるのか」「副業を本業にするタイミング」は考えるべきである。

なお、副業について企業において解禁する動きがあるが、企業が人事制度として導入するからには、目標、指標が必要だ。副業制度が上手くいった状態とは何なのか。定義が必要だろう。ややうがった見方をするならば、PRの材料にしたいだけではないか、優秀な社員を辞めさせないためではないかとも捉えられる。

また、制度として導入することで副業が行儀の良いものになってしまうのではないかという懸念もある。会社に言いづらいことこそ、副業で行なうことで、個人が活性化され、可能性が広がるのだ。

次に自由な働き方の功罪について記述する。フリーランスや大学教員の働き方となると話が広くなるし、やや特殊性が高いのだが、あくまで時間や場所にとらわれない働き方の一事例として聞いてほしい。

よく「自由」について議論する際に話題となることだが、これは常に「責任」を伴うものなのである。フリーランス時代はもちろん、現在の大学教員の仕事も時間は比較的自由である。その中で自分を律して、仕事をやりきること、仕事とプライベートのバランスをとることは至難の業《わざ》である。

　テレワークに対する期待が集まっているが、時間や場所の自由を手に入れて働くことで劇的に変わるのは、移動時間が減ることだ。オフィスではなく、家に一人でいるから業務に集中できるわけではない。常に電話やメール、メッセンジャーで連絡がくる。原稿に集中しようと思ったら打ち合わせの電話が入り、30分から1時間潰れることもしょっちゅうだ。宅急便の配達、家事などもあり、業務は常に止まる。

　昼寝用のベッド、息抜きのための本やテレビもあって快適だし、SNSを覗けば常に何かが起こっているのだが、これはまた誘惑だとも言える。疲れている時に仮眠をとることができるのは便利なのだが、もちろん、その分、挽回《ばんかい》しなくてはならない。いくらでも仕事ができてしまうこともまた問題である。自己管理が必要である。

　思えば、会社に勤めていた際は、相談できる上司や部下がおり、彼らとの何気ない会話に癒《いや》されたり、そこでアイデアが浮かんだりもした。SNSでのメッセージのやりとり、メッセンジャーでのチャットがそれに相当するとも言えるが、このように孤独とも闘わなくてはならない。

自由な働き方といいつつ、責任は伴うし、意外に不自由というのが実感である。テレワークなどが何かを解決すると期待しすぎてもいけない。

まとめ

・副業に関しては制度ができようとも、会社が認めようとも完全に応援してもらうことなど無理である。
・副業は位置づけと、いつまでやるかが重要である。
・在宅勤務は労働時間の問題を解決してくれない。

ここまで自分語りに付き合っていただき、感謝する。もっとも、これは生きた事例だと捉えていただきたい。

習熟度の低い若手時代ならではの非効率な部分、取引先との関係、一人で業務を掛け持ちすることの問題、長時間労働以外の疲弊感。これらの論点を整理して述べたつもりである。さらには、自由な働き方の罠《わな》というものも提示した。第2章でデータから確認した、残業の発生原因とも重なっている。さまざまな解決策を議論したところで、現実を見なければ机上の空論になってしまう。

本書も、ここからより残業の本質、核心に迫っていく。電通過労自死事件とは何だったのか、働き方改革の問題とは何か、解決策などについて考察する。ぜひ、最後までお付き合いいただきたい。

第4章

電通過労自死事件とは何だったのか?

電通過労自死事件を語る際に、注意するべきポイント

この章では、2015年12月に発生し、2016年9月に労災認定された「電通過労自死事件」を取り上げる。すでにメディアで何度も報道されているので、ご存知の方も多いことだろう。2016年12月28日、法人と上司が書類送検され、石井直《いしいただし》社長（当時）が責任をとって辞任するという事態にまで発展している。

この場を借りて亡くなった高橋《たかはし》まつりさんのご冥福《めいふく》をお祈りする。未来のある新入社員が自死に至った事件が起きた企業を断じて許してはいけない。彼女の死は決してムダにしてはならない。長時間労働に関する世論が動いたことも間違いないだろう。もっとも、彼女の死をムダにしないためにも、この電通過労自死事件と長時間労働是正や、労働環境の改善は丁寧に議論しなくてはならない。この問題をめぐる議論も、電通側の対応も、この事件を教訓とした働き方改革関連の対策も本質からずれているものが散見されるのである。

業界最大手の広告代理店であり、オリンピックやワールドカップまで手がける電通で起きた事件であったために、注目度も高かった。これまでブラック企業問題でメデ

ィアに名前が出て批判されたのは、新興の急成長企業が中心であり、中には明らかに従来の枠組みを大きく超えた組織・人事マネジメントを行なっている企業も見受けられた。経営者のキャラクターが強く、独特の経営哲学を持っているがゆえに話題となった企業もあった。やや下世話な言い方をすると「○○社なら、○○という経営者ならやりかねない」という空気を醸《かも》し出していた。

このような新興企業や、経営者の個性が強い企業ではなく、大手の伝統ある企業で問題が発生したために、大きなニュースになったとも言える。しかも亡くなったのは東大卒の女性で、新入社員だったことも話題となった要素だ。

もっとも、この電通もまた、個性の強い企業だと認識されている。体育会系、軍隊系の社風だと言われ、年次1年の違いは海よりも深い、と称される。

自分の周りにいる広告代理店関係者、出身者に聞いてみても、電通は特殊だと見る人たちが一定数いる。大学時代からの友人で博報堂出身のウェブ編集者である中川《なかがわ》淳一郎《じゅんいちろう》は、会社員時代、電通は別格で怖かったと語る。競合コンペに外資系コンサルティング会社の雄《ゆう》、マッキンゼーがいても怖くはなかったが、電通だけは怖かったという。

博報堂に進んだ大学の先輩は、「電通とは、好き嫌い、良い悪いではなく、強い会社だ」と語っていた。リクルート時代の先輩で電通との合弁会社に出向した先輩は、「リクルートは所詮《しょせん》、商人だ。電通は武士の集団だ」と語った。このように、電通とは、何が何でも目標を達成する、モーレツに働く集団だと思われている。

そのモーレツ集団の象徴として、メディアでも話題になったのが「鬼十則《おにじゅっそく》」である。中興の祖であり、広告の鬼とも呼ばれた4代目社長吉田秀雄《よしだひでお》が記したビジネス訓なのだが、内容において厳しい、身の引き締まる言葉が並んでいるうえ、「殺されても離すな」という一節が批判された。電通は、2017年度から社員手帳「Dennote」に「鬼十則」を掲載することを取りやめにした。

その他にも長時間労働対策として、22時以降の残業を禁止する、中途採用を強化することで人員を補充する、などの対策が行なわれている。22時に一斉に消灯する様子は、何度も報道された。

しかし、これらの問題とそれに対する意見や解決策は、理《り》にかなったものだったのだろうか。関心、注目はひくものの、解決にはつながらない議論がされているようにも思える。中には、むしろ労働強化につながってしまいそうな話すらある。

電通過労自死事件というものが「働き方改革」関連の報道でよく出てくるのだが、このことはより丁寧に議論しなければならない。この事件については、人事担当者や労働組合関係者はこれを教訓として活かし、反面教師、ケース・スタディーにするべきである。ただし、論じられ方が一部おかしく、雑だと感じる。

電通過労自死事件とは何か？　本当は何が問題なのか？　について考える。

電通で何が起こったか

まず、議論の前提として、改めて電通過労自死事件とは何かをここでまとめておこう。同社のリリース文、全国紙の報道をもとに時系列で事実をまとめることにする。

亡くなった高橋まつりさんは東京大学卒業後、２０１５年４月に電通に入社した。配属先はインターネット広告を担当するデジタル・アカウント部だった。

２０１５年10月の本配属後、業務が多忙になった。残業時間が１０５時間となり、その前月の約40時間から約2・5倍以上となっていた。11月頃にうつ病を発症したとみられている。そして12月25日に都内の社宅（借り上げ寮）から投身自殺をした。

亡くなる前に「土日も出勤しなければならないことがまた決定し、本気で死んでしまいたい」「休日返上で作った資料をボロくそに言われた　もう体も心もズタズタだ」などの言葉をSNSに投稿していたのも明らかとなった。

発症1カ月前の残業時間が月約105時間に達したと認められ、三田《みた》労働基準監督署（東京）が2016年9月30日付で労災認定した。

2016年10月7日、まつりさんの母親の高橋幸美《ゆきみ》さんと、遺族代理人の川人博《かわひとひろし》弁護士が都内で記者会見した。「労災認定されても娘は二度と戻ってこない。過労死等防止対策推進法が制定されたのに、過労死は起きた。命より大切な仕事はない」とコメントした。

なお、この会見の日は厚生労働省が『平成28年版過労死等防止対策白書』を発表した日だった。ちょうど「働き方改革」が国を挙げた取り組み事項となっていた中、この2つのニュースは「長時間労働是正」について注目が集まる契機になったと言っていいだろう。

塩崎恭久《しおざきやすひさ》厚生労働相は、会見後の2016年10月12日の衆院予算委員会で「(同社で）再び自殺事案が発生したことは本当に遺憾の至りだ」とコメントしていた。ここで「再び」というのは、実は電通では1991年にも、当時入社2年目の男性社員が過労で自死。遺族が提訴し、2000年に最高裁が会社側の責任を認めるという過労自死事件が起きていたからだ。

その後、事態は急展開を迎える。記者会見からの1週間後、2016年10月14日午後、東京労働局の過重労働撲滅特別対策班（通称：かとく）は、東京都港区の電通本社、中部支社、京都支社、関西支社の計4カ所に抜き打ちで立入調査をした。調査は労働基準法に基づく「特別監督指導」「臨検」と呼ばれるものであり、労働管理の実態を調べるためのものだった。このスピードで行なわれたこと、支社にまで調査が入ったのは、異例のことである。

厚生労働省の過重労働撲滅特別対策班は、従業員に過酷な労働を強《し》いるブラック企業対策として、東京と大阪に2015年に設置されたものである。これまでにＡＢＣ

マートやドン・キホーテなどの4社を違法な長時間労働があったとして書類送検していた。

さらに、2016年10月18日には、塩崎恭久厚生労働相が同日の閣議後の記者会見で、電通の主要子会社5社の電通北海道、電通東日本、電通西日本、電通九州、電通沖縄にも立入検査を行なうことを明らかにした。支社への立ち入りも異例だが、子会社にまで立ち入るのはさらに異例と言える。

電通も素早く対応した。2016年10月半ばには、時間外労働の上限を月70時間から月65時間に引き下げる方針を固めるとともに、10月24日から22時以降を全館消灯とした。

この頃から、各種メディアは電通に関する取材を強化し、次々に事実が明るみに出ていった。2013年にも過労死事件が起こっており、労災認定されていること、2014年には関西支社が、2015年には本社が違法な長時間労働で是正勧告を受けていたことなどが明らかになった。

2016年11月1日には、石井直社長ら役員8人で構成される電通労働環境改革本部が設置され、業務内容と仕事のやり方の点検が行なわれた。この頃、11月7日に今後の働き方について全社向けの説明会が開催されることが、社内向けに発表された。

しかし、厚生労働省は電通に対する追及の手を緩《ゆる》めない。高橋まつりさんの労災認定の記者会見からちょうど1ヵ月後の同日に、労働基準法違反の疑いで家宅捜索が行なわれた。10月の立入検査で同社が管理する労働時間と実際の出退勤の記録が合わない社員がいることなどが理由だった。本社と前出の3支社に対して労働基準監督官ら計88人が入った。

この日の午後には、電通本社内のホールで、「われわれの働き方の進化に向けて」という題で電通の社員向け説明会が行なわれ、会社の現状や改革方針が説明された。同社の石井社長はこの日「従来の働き方は社会に認められる状態ではない」「いかなる仕事も引き受ける体質だった」などと変革を訴えている。一方で守るべきこととして「時代を動かす仕事に挑む、プロとしての自覚や意欲」を挙げ、「課題を克服して新しい電通をつくりましょう」と伝えたと言う。

２０１６年12月2日に、電通は過労自死問題を受け、労働環境の改善策を発表する。２０１７年1月をめどに全社員の１割にあたる６５０人を多忙な部署に厚く配置すること、中途採用を強化して増員をはかり、取り急ぎ60人の募集を行なうこと、各局に人材のマネジメントを担当する者を配置することを発表した。さらに、６つの階層から成る社員で構成する提言チームを合計10チーム作った。

２０１６年12月６日には２０１７年１月１日付で、過重労働問題解決に取り組むための専従役員を置き、法令遵守《じゅんしゅ》の取り組み強化などを行なうと発表した。12月９日にはさらに、従業員の行動規範とされてきた「鬼十則」を従業員向け手帳「Ｄｅｎｎｏｔｅ」への掲載をやめると発表した。

他にも有給休暇の取得率を50％以上にする、発注先の制作会社の負荷も軽減するべく発注ルールや工程管理方法を作成する、管理職への３６０度評価の導入などを発表した。さらに12月22日にはより具体的に上期（1～6月）に5日、下期（7～12月）に5日、合計年10日の有休取得を義務付けること、社内に常勤の精神科産業医を配置して、従業員の労務、健康管理を徹底することを発表した。

このように電通は矢継《やつ》ぎ早《ばや》に改革案を発表してきたことがわかる。もっとも、新聞、雑誌各紙では周辺取材により、従業員が仕事をこなしきれず会社付近のカフェや、自宅に持ち帰りで仕事をしていること、会社の改革案に対してシラケ気味の反応を示していることなどが伝えられている。

命日から1年経った12月25日には、高橋まつりさんの母親である、高橋幸美さんによる手記がリリースされ、新聞各紙に掲載された。

「まつりの命日を迎えました」「あの日から私の時は止まり、未来も希望も失われてしまいました。朝目覚めたら全て夢であってほしいと、いまも思い続けています」から始まる手記は、まつりさんが就活のエントリーシートに「逆境に対するストレスに強い」と書いていたこと、電通に入ってからも一生懸命働いていたこと、会社を辞めるように強く言わなかったことを後悔していることなどを書き綴《つづ》っている。

まつりさんが毎晩遅くまで皆が働いている職場の異常さを指して、「会社の深夜の仕事が、東京の夜景をつくっている」と言っていたエピソードなども紹介されている。「まつりの死によって、世の中が大きく動いています。でも、まつりは、生きて社会に貢献できることを目指していたのです。そう思うと悲しくて悔しくてなりません」「会社の役員や管理職の方々は、心から反省をして、二度と犠牲者が出ないよう、決意していただきたいと思います。そして社員全ての人が、伝統を重んじることに囚《とら》われることなく、改善に向かって欲しいと思います」「日本の働く人全ての人の意識が変わって欲しいと思います」という胸を打つメッセージとなっている。

高橋幸美さんが言うように、たしかに「世の中が大きく動いて」いる。そして、年末の最終営業日に、事態は大きく動いた。

社長の辞任、管理職の書類送検に

２０１６年12月28日の午前0時38分、日本経済新聞の電子版は、電通が社員に違法な長時間労働をさせていたとして、厚生労働省東京労働局が労働基準法違反の疑いで法人としての同社と幹部を書類送検する方針を固めたという一報を伝えた。

そして、これは現実となる。同社への強制捜査から1カ月半というスピードだった。立件対象を過労自殺した社員の上司に絞ることで異例の早さでの書類送検を実現した。

同日の午前中に菅義偉《すがよしひで》官房長官は記者会見の中で「長時間労働の慣行を断ち切る必要がある。働き方改革実現会議で年度内に具体的な計画をとりまとめ、法案を国会で成立できるよう取り組みたい」とコメントしている。

東京労働局も記者会見を行ない、電通の石井直社長から事情聴取したことや、書類送検に際し、起訴を求める「厳重処分」の意見を付けたことも明かした。これらを受けてか、12月28日の同社の株は低値で推移した。

この日の19時から、石井社長をはじめとする電通の首脳陣は記者会見に臨《のぞ》んだ。私は、ネット配信でその様子を見ていた。石井社長は書類送検などについて、「重く厳《げん》粛《しゅく》に受け止める」「心よりおわび申し上げる」と伝えるとともに、執行役員や関係する社員の処分、月間残業時間が80時間を超える社員の平均数が、２０１６年の１～11月で１１４人だったことなどを明らかにした。「過剰なクオリティー志向」などの表現で企業風土の問題や、特定の部署や社員に業務負荷がかかっていることを伝えた。

さらに、２０１７年度１月をもって社長を辞任すると表明した。記者会見は質疑応答を含め、約１時間半にわたるものになった。同日のテレビをはじめ、各種ニュースはこの模様を伝え、全国各紙も社説にてこの問題を扱ったことは記憶に新しい。

２０１７年1月18日には、電通は社内処分を発表した。高橋まつりさんが所属していた部署の関係社員３人を処分したうえ、副社長執行役員１名と常務執行役員１名、執行役員３名の月額報酬20％の減額３カ月としたのである。

なお、執行役員４名から役員報酬自主返上（月額報酬10％の３カ月分を返上）の申し入れがあったことも報告された。もともと２０１６年10月から12月までの間、社長をはじめとする執行役員10名が役員報酬を自主返納していたが、それに加えて４名から申し出があったという。

さらに２０１７年1月20日には、高橋まつりさんの母親である高橋幸美さんが記者会見し、電通に対して過労死や過労自殺の再発防止に向け、遺族への謝罪、慰謝料などの支払い、再発防止措置などを盛り込んだ合意書を結んだことを明らかにした〈**図13**〉（１２４ページ）。

再発防止措置は長時間労働・深夜労働の改革、健康管理体制の強化など多岐にわたるものである。運用においては社内の研修に遺族や代理人が参加する、年に１回、再発防止措置の実施状況を遺族に報告するなどの措置をとっているのは画期的だ。

２０１７年2月14日、電通は決算発表の記者会見で、「労働環境の改善のための人員増強や機械化推進のため、２０１７年12月期は単体の純利益が31％減となる見通しだ」と発表した。山本敏博《やまもととしひろ》社長は「仕事量を無理して追いかけるより、社員の心身の健康を優先する」と明言した。

働き方改革のための70億円の投資を発表し、「増員と機械化による業務体制の充実」「デジタル体制の強化」「顧客向けのマーケティング投資」を3つの柱にするとした。２００人以上の増員、採用の強化など、採用だけで25億円を投じると言う。

労働環境改善への本気を感じる。一方、ややうがった見方をするならば、これにより、増員することを株主などのステークホルダーに認めてもらえたとも言える。増員は支出を伴うものだが、属人的な業務である場合、増員を伴わなければこなしきれない可能性がある。これに対して、株主が認めざるをえない状態になったのだとも言える。

これが、高橋まつりさんの過労自死事件が労災認定されたことが明るみに出てか

〈図 13〉電通が約束した再発防止措置（要旨）

【長時間労働・深夜労働の改革】
・午後 10 時〜午前 5 時は社屋を全館消灯し、持ち帰り残業も原則禁止
・社員の実際の労働時間を正確かつ適正に記録
・自己啓発や私的な情報収集を理由として会社に残ることを原則禁止
・部や局の各種研修、懇親会、反省会などの準備・出席といった名目で実質的に業務とみなされるものによって、過重な負荷を生じさせないよう徹底
・労使協定で決める 1 カ月の残業時間の上限を引き下げるよう努力
・自己申告した始業・終業時刻と、オフィス出入り口のゲートの通過時刻に 30 分以上差があれば理由を調査
・複数月連続で労使協定の上限に近い残業をした社員の勤務実態を確認
・新入社員の残業は月 45 時間以内（他の社員は特に忙しい時期でも月 75 時間以内）とする
・長時間労働や深夜労働を減らすため、業務の進め方や受注方法に関する「社内提言チーム」を発足させ、具体策を作成
・広告業界のリーディングカンパニーとして、業界全体に根ざす長時間労働の慣行を是正する取り組みを推進

【健康管理体制の強化】
・産業医を含むメンタルヘルスの専門家を常駐・増員し、診療体制を充実
・社員が健康を害するおそれがある場合、業務の負担を速やかに改善できる体制を構築
・健康診断での医師の問診結果や所見が、社員の健康確保のため適切に反映されるよう努力
・メンタルヘルスに関する定期健康診断を年 1 回以上実施。新入社員は入社後 1 年以内にもう 1 回追加で実施

【社員教育・啓発】
・ハラスメントの予防について、研修などで啓発
・役員、管理職をはじめ、全社員に日常的にメンタルヘルスの研修・教育を実施
・全社員に適正な勤務登録・承認への理解を促す DVD を作り、継続的に啓発
・社員の心得「鬼十則」を使って過度の精神主義を強調するような労務管理、新人研修をしない
※遺族側も関与・監視
・再発防止措置の実施状況について毎年 12 月に遺族側へ報告
・遺族側の代理人弁護士を講師として、遺族も参加する管理職向けの研修会を合意から 3 カ月以内に実施

出所：朝日新聞 2017 年 1 月 30 日付より

ら、2017年2月にいたるまでの動きである。本書が出版される頃にはまた新たな動きがあることだろう。新聞各紙の報道、電通からのプレスリリースをもとに構成したことをお含みおきいただきたい。

電通過労自死事件から本当に教訓にすべきこと

ここまで電通過労自死問題の経緯を見てきた。連日のように報じられていたので、釈迦《しゃか》に説法な部分もあることだろう。「電通、けしからん」という意見はメディアでも、SNS上の一般人の声でも散見された。

書類送検を受けて石井社長が辞任を表明した記者会見では、企業風土がまだ変わっていないのではないかなどの厳しい指摘も出た。とはいえ、事件が明るみに出てから同社が矢継ぎ早に改革案を打ち出し、対応したのもまた事実だ。遺族と約束した再発防止策なども、運用を見守らなくてはならないが、包括的であり、画期的なものであると言える。

ただ、今一度立ち止まって考えていただきたい。ここまでの経緯を読んで不可解《ふかかい》に思った点はないだろうか？　問題と対策がずれている部分があるのだ。

死者が出ている中、不謹慎なことは言えないのだが、そうならないように、可能な限り丁寧に書く。高橋まつりさんの死に関しては、まさに「死人に口なし」で真相はわからない。この自死の問題に関しては、たとえ遺書があったとしても、真相はわからないものである。

死因はわかる。ただ、その死に至った真相はわからないのである。法律上も、100時間以上の残業をしていて、自死に至った場合は労災に認定される可能性が高い。ただ、労災に認定されるのと、自死に至るのはまた別の話である。

メディアで紹介された高橋まつりさんのSNS上での発言からは、仕事が過酷《かこく》であること、上司のパワハラ、セクハラまがいの言葉を受けたことが垣間《かいま》見られる。これも一因だと推定されるが、このような問題は、被害者、加害者双方の意見を聞かなくては、断定できないのである。

上司は書類送検された。これは長時間労働に対する監督責任、労災の責任に関してである。ただ、パワハラ、セクハラ発言があったかどうかは、被害者や本人、関係者の証言をもとにしなくては断定することはできない。高橋さん側のＳＮＳ上のコメントがメディアで報道され、半ば既成《きせい》事実化しているという意味では、この点においては上司の名誉も傷つけられている可能性も否定できない。

電通が長時間労働を放置していたのは、これまでの取り調べと、過去の労基署の指導などの履歴《りれき》から言うならば、事実ではある。残業の過少申告の慢性化も指摘はされている。ただ、長時間労働がどれだけ問題だったかは、同社の労働時間の正確な把握を行なわなくてはならない。実際、80時間以上の残業をしていた者は、約７０００人いる同社の従業員のうち、１１４人程度だったと報じられている。もちろん、過少申告をしていた者、させられていた者もいるのだろうが、それでも数％である。

死者が出る職場をどうするかという問題と、長時間労働是正の問題と、ワーク・ライフ・バランスが実現した職場作りは段階が違うものである。問題の詳細の把握の前に、対策が先行した印象である。もちろん、遺族の心情への配慮や、世間の批判からすると、必要な措置だっただろう。改善にむけた努力というのは、根本的な対策になっていなかったとしても、やることによって理解を得られるというものはある。

とはいえ、課題に対して効果がないものを並べられても、それは本質的な解決策にはならない。第二、第三の高橋まつりさんを生み出すことにもつながる。

もっとも、前出の高橋まつりさんの遺族と、電通とで合意した再発防止措置は、網《もう》羅《ら》的なものとなっており、取り組み項目自体は同社の長時間労働是正だけでなく、体質改善に向けた具体的なものである。このような取り組みに同意したという事実は、今後、他社で同様の問題が起こった時の大きな前例となるし、何か問題が起こる前にも他社にとって参考となる事例にはなるだろう。ただし、取り組み事項が設定されるのと、それが実効性を伴うのか、定着するのかは別問題ではある。

このように、電通過労自死事件における議論や、行なわれた対策の一部は課題に対する解決策になっていないのではないか、論理の飛躍の連鎖なのではないかということを、まずは問題提起したい。

電通過労自死事件について、語るべき7つのこと

改めて、電通過労自死事件の教訓とは何だろうか。人材マネジメント視点で振り返

り、釈迦に説法と思われる話も含めてまとめることにしよう。

1．労務管理、健康管理のますますの強化を

当たり前のことであるが、労務管理、健康管理が問われる時代となっている。企業もフリーランスも、これは意識するべきことだ。自由な働き方や柔軟な働き方というものを実現する際には、労務管理や健康管理に力を入れないといけないということは、言うまでもない。

まずは実態把握に力を入れなくてはならない。電通過労自死事件でも、サービス残業が問題となったが、労働時間の上限規制をかけようとすると、サービス残業が誘発されてしまうことがある。それよりもまずは実態把握が必要だと言えるだろう。

2．管理職のマネジメント能力をいかに高めるか

今回の過労自死事件で問われるのは、管理職の問題である。直属の上長、管理職がその従業員の特性や業務量、現在抱えている問題などを理解できていたかどうか。モ

チベーションなどを維持しつつ、業務をリードすることができたかどうか。取引先との関係をマネジメントできていたかどうか、である。

今回、亡くなったのは新人である。１９９１年にも電通で過労自死事件が起こった際も犠牲者は入社2年目の若手社員だった。ただ、入社1年目と2年目は違う。『日経ビジネス』の２０１６年12月5日号が報じているように、まつりさんは新人ならではのｅラーニングや、プレゼン大会の準備といった研修、雑務なども担当していた。これらの業務のコントロールなど含め、管理職は彼女を守ることができなかったのかという点が問われる。

もっとも、管理職の負荷は日に日に増しており、それもまた問題だ。優秀なマネジャーの育成は日本企業の課題であり、残業問題に限らない問題である。

リクルートワークス研究所の「Ｗｏｒｋｓ人材マネジメント調査２０１５」は、日本の主に大企業の人材マネジメント上の現状と課題をまとめたものである〈**図14**〉（１３３ページ）。東証一部上場企業１８９５社を対象とし、１７６社から回答を得ている。

同調査によると、「認識している課題と特に重要な課題（3つまで）」という質問項目において、「マネジメントスキルの向上」は77・8％で6位である。なお1位は「次世代リーダーの育成」で94・3％だった。マネジメントとリーダーシップは一部重なるものの、異なるものではある。ただ、マネジャー、リーダーの育成が日本企業の課題となっていることは明らかだ。

他にも本書で論じている残業、長時間労働と直接的、間接的につながる「ダイバーシティ（女性等）の推進」（2位　92・0％）「メンタルヘルスへの対応」（4位　86・9％）「ワークライフバランスの強化」（5位　78・4％）などの項目も上位にランクインしている。

もっとも、マネジメント能力の向上に関して言うならば、それは管理職にだけ問題があるわけではない。マネジャー層が育っていないことも問題だが、管理職に期待される仕事の難易度も上がっている。

以前のように、正社員の男性を中心とした職場ではなくなっている。雇用形態も年齢層も、男女比も変化した職場をマネジメントするには、高度な力が必要となる。人材マネジメントだけでなく、そもそも自社を取り巻く課題が変化しているのだから、マネジメントの難易度は上がっているのだ。

ともあれ、残業を増やさないためにいかにマネジメントするかという視点は大事なのである。

3. 顧客・取引先、社内の他部署からの過剰な依頼

顧客や取引先、社内の他部署からの過剰な依頼にどう対応するのか。これも論点だ。クライアントからの過剰な依頼に応《こた》え続けなくてはならなかったことも、あまり報道されていない高橋まつりさんの死の真相だろう。

デジタル広告の部署は、マス広告とは違い、毎日のように入稿や、出稿とりやめの手続き、データの集計などが発生する部署である。しかも、人工知能などを活用するのではなく、手作業でそれを行なっていた。顧客への対応のために、ここまでやらなくてはならないのか。

しかし、この問題は、高橋まつりさんの部署だけではない。電通では顧客との接点

〈図14〉 認識している課題と特に重要な課題(3つまで)

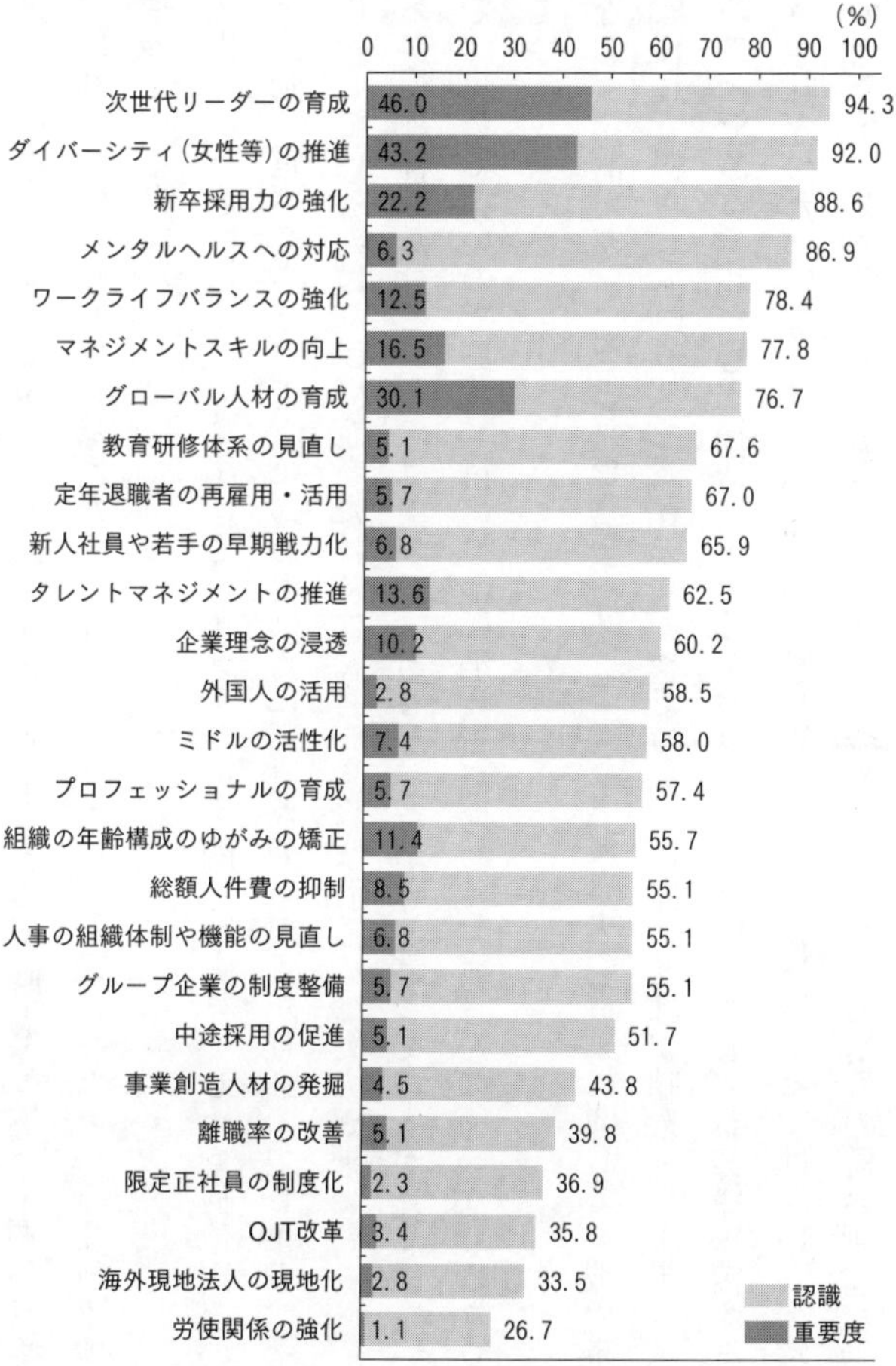

出所：リクルートワークス研究所(2015)「Works人材マネジメント調査2015」より

があるどの部署でも、発生する問題である。金曜日の夜8時過ぎに、「来週の月曜日までに社内で資料が必要になったので作っていただけませんか?」というような電話がやってくる世界なのだ。

広告というものは企業の業績にも、イメージにも関係があり、しかも何億円という資金が動く世界である。そうであるがゆえに過剰な要求がまかり通ってしまう。それを依頼しているのは、民間企業だけでなく官庁も含まれるのでたちが悪い。

「お客様は神様だ」というのは美談ではあるが、だからと言って、人が死んでいいわけでは決してないのである。特に日本は消費者を含めてお客さんの言いなりになりすぎている。

なお、余談だが、「お客様は神様です」という三波春夫《みなみはるお》の言葉に関して、彼の事務所はHPで釈明している。三波春夫にとっての「お客様」とは、聴衆・オーディエンスのことである。しかも、神様と接するかのような澄《す》み切った心でお客様に接するという意味なのだ。「お客様」は、商店や飲食店などのお客様のことではないし、営業先のクライアントのことでもない。しかし、今やクレーマーの恰好《かっこう》の言い訳になってしまっている。これは違うのではないかというわけだ。

顧客とどこまで付き合うのかということが、今後の労働問題を考えるうえで重要な論点となると言えるだろう。

4. 社内ではいつも新しい仕事が生まれており、変化している

会社の中では新しい部署、仕事が増え、旧来のルールが通用しなくなっている。これも電通過労自死事件の論点だ。

前述したように、ネット広告の世界は今までの電通の仕事とは違い、日々入稿や効果測定を伴うものである。今までの仕事の進め方は通じないのだ。このような新しい仕事に対応しつづけなくてはならないのも論点の一つである。

5. 「なんでもやる」「成長を求められる」日本型正社員モデル

日本型の「なんでもやる」「成長を求められる」正社員モデルの問題というものも論点だ。これが長時間労働に影響を与えているのではないか。

よく日本の会社員をめぐって「社畜だ」と言われ、全部精神論で片付けようとするのであるが、社会学的に考えると、「どうしてそのような精神が沸《わ》き立つのか?」と、そのシステムを明らかにしなくてはいけない。

なぜ労働者が競い合うのかと言うと、日本の正社員で総合職であれば、どんな仕事を任されるかはわからないし、変化するし、範囲も明確ではないということだ。しかも、誰でも課長以上の椅子を目指して競うことになる。これは別に民間企業に限らず、官庁、自治体も同じである。

このような、「なんでもやる」「成長を求められる」というような、明確な仕事が提示されていない日本型正社員モデルの問題ということである。

6. 多様な人材のマネジメントの問題

この電通過労自死事件の問題は、多様な人材のマネジメントの問題でもある。今後のあるべき組織の姿として、多様性ということが挙げられる。このこと自体は否定しないが、それはそれで簡単ではないことなのだ。

高橋まつりさんの在籍していた部署は、中途入社、出向者が多く、プロパーが少ない部署だった。いわば、多様な人材のるつぼである。しかも、これらのメンバーで新しい仕事に取り組んでいかなくてはならない。

なお、電通の「鬼十則」について後ほど述べるが、これを問題視する声はあるものの、この言葉が浸透しきっているような、いかにも電通らしい部署ではなかったことも踏まえねばならない。だから、この言葉への責任転嫁《せきにんてんか》はナンセンスなのだ。

この多様な人材のマネジメントもまた、管理職の負荷を増やす原因である。出産・育児や介護と両立する社員、障がいのある社員、高齢者、外国人、性的少数者、中途入社の者、雇用形態が異なる者など、多様な人材をマネジメントしなくてはならない。機会の平等・公平のためにも、人手不足解消のためにもこれらの人材を雇用し、活用するのは社会の要請でもあるし、正しいことだ。しかし、これがまた管理職の負荷を増やしていることも忘れてはならないのである。

7. 会社と居場所

高橋まつりさんの過労自死問題は、会社と居場所の問題でもある。会社に居場所はあったのか。SNSで会社への不満や、過酷な労働が書き綴《つづ》られた中、それを拾う社員はいたのか。相談できる場所、休める場所はあったのか。彼女の個性を受け入れて、上手くマネジメントすることはできなかったのか。なぜ、人事や組合は危機を察知することができなかったのか。

ネット上では「嫌ならやめろ」という言説が例によって展開されたが、激しく働いている人間はそんなことを考える余裕すらない。居場所は重要な問題なのだ。

これらのことを考慮すると、報道に対する見方が大きく変わるであろう。電通過労自死事件もそうであるが、その周辺で起こっていることにも注目しないといけない。「なぜ過労死の白書が発表された日と、電通の裁判の結果が公表された日が同じ日であったのか」、「なぜこれほどまで早く〝かとく〟が動いたのか」など、実は色々と論点があるのだ。電通は壮大なるスケープゴートになっているようにも見える。この問題と、対策が大きくズレた件について、電通けしからんで終わらせてはいけないのだ。

電通「鬼十則」を礼賛してきた日本社会

電通「鬼十則」について考えよう。電通過労自死事件に関連して、この言葉をメディアで見聞きする機会も増えた。この言葉とは何だったのか。その功罪についても考えてみる。

２０１６年10月28日付の朝日新聞朝刊は「長時間労働を助長しかねない電通の企業風土を象徴する社員の心得」と指摘し、亡くなった高橋まつりさんの遺族も問題視していると報じている。他にも10月15日付の産経新聞朝刊、10月21日付の東京新聞朝刊などがこの言葉を問題視する記事を掲載している。

前出の高橋まつりさんの遺族と約束した再発防止措置の中にも、社員教育において、「鬼十則」を使って過度の精神主義を強調するような労務管理、新人研修をしないことまで盛り込まれた。２０１７年度からは、電通の社員手帳「Ｄｅｎｎｏｔｅ」からも削除されたことは前述したとおりだ。

電通「鬼十則」とは何か。今一度確認してみよう。電通「鬼十則」は同社の４代目社長である吉田秀雄が今から65年前の1951年8月に社員のために書き留めたビジネスの鉄則、原理原則だ。

〈電通「鬼十則」〉

1. 仕事は自ら創るべきで、与えられるべきでない。
2. 仕事とは、先手先手と働き掛けて行くことで、受け身でやるものではない。
3. 大きな仕事と取り組め、小さな仕事はおのれを小さくする。
4. 難しい仕事を狙え、そしてこれを成し遂げるところに進歩がある。
5. 取り組んだら放すな、殺されても放すな、目的完遂までは……。
6. 周囲を引きずり回せ、引きずるのと引きずられるのとでは、永い間に天地のひらきができる。
7. 計画を持て、長期の計画を持っていれば、忍耐と工夫と、そして正しい努力と希望が生まれる。

８．自信を持て、自信がないから君の仕事には、迫力も粘りも、そして厚味すらがない。
９．頭は常に全回転、八方に気を配って、一分の隙もあってはならぬ、サービスとはそのようなものだ。
10．摩擦を怖れるな、摩擦は進歩の母、積極の肥料だ、でないと君は卑屈未練になる。

出典：『電通「鬼十則」』（植田正也《うえだまさや》　ＰＨＰ研究所　２００１＝２００６）

ご一読いただくとわかるとおり、緊張感が高まるような、身震《みぶる》いするような言葉である。特に、今回の電通過労自死事件でも問題視された「殺されても放すな」という表現は強烈だ。

なお、実は同社が「Ｄｅｎｎｏｔｅ」から伝統ある言葉を削除するのは、これが初めてではない。１９８７年には「責任三ヵ条」という言葉が削除されている。それまで「Ｄｅｎｎｏｔｅ」には経営理念の次に「鬼十則」と「責任三ヵ条」が記載されていた。この「責任三ヵ条」は、「鬼十則」が定められた1951年の2年後、1953年に発表された。これもまた第4代社長の吉田秀雄氏によるものである。

このような内容だ。

電通「責任三ヵ条」

1．命令、復命、連絡、報告はその結果を確認し、その効果を把握するまでは、それを為した者の責任である。その限度内における責任は断じて回避できない。

2．一を聞いて十を知り、これを行う叡智《えいち》と才能がないのならば、一を聞いて一を完全に行う注意力と責任感を持たねばならぬ。一を聞いて十を誤る如きものは百害あって一利もない。正に組織活動のガンである。削除せらるべきである。

3．われわれにとっては形式的な責任論はもはや一片の価値もない。われわれの仕事は突けば火を噴くのだ。われわれはその日その日に命をかけている。

出所：柴田《しばた》明彦《あきひこ》他『漫画・電通鬼十則』（KADOKAWA）

「鬼十則」以上に強烈な言葉だ。責任を明確化した1．はともかく、2．の「一を聞いて十を誤る如きものは百害あって一利もない。正に組織活動のガンである。削除せらるべきである」は身震いする言葉だ。

3．の「われわれの仕事は突けば火を噴くのだ。われわれはその日その日に命をかけている」もだ。特に人間に対して「削除」という言葉を使っているのは印象的だ。これに比べると、「鬼十則」は「5．取り組んだら放すな、殺されても放すな、目的完遂までは……」以外、だいぶマイルドに聞こえる。

話を電通「鬼十則」に戻そう。この言葉はビジネスパーソンの行動指針としてリスペクトされてきたのもまた事実である。ゆえに、電通に限らずこの「鬼十則」はビジネスパーソンの間に広がっていたことを確認しておきたい。

私と電通「鬼十則」との出会いは、1997年の秋だった。リクルートに入社し、営業担当をしていた頃だ。教育担当の先輩から電通「鬼十則」のコピーを受け取った。この言葉を音読し、その厳しさと熱さ、妙な高揚感《こうようかん》に震えた。同期の東大卒の女性に伝えたところ、彼女も先輩からコピーを受け取り、机の中に保存したと話した。

その後の転職先では「鬼十訓」なるものがあり、電通「鬼十則」をそのままマネしたものになっており、驚いた。より衝撃を受けたのは、社員たちがまるでその言葉を自社の言葉のように思っていたことだった。

この電通「鬼十則」は、ビジネス雑誌の名言集なるものにもよく引用される。たまたま書斎の本棚に『日経ビジネスアソシエ』の2008年3月18日号の付録があった。電通「鬼十則」もその中の一節が紹介されている。

この言葉は、長い時間、電通の枠《わく》を超えて他社のビジネスパーソンに影響を与えている。電通過労自死事件に関連して、吉田秀雄直筆の「鬼十則」を目にした方もいることだろう。これは吉田秀雄記念財団に保存されているものである。もともとこれは、１９５４年１月に阪急の創業者である小林一三《こばやしいちぞう》社長の求めに応じて書かれたものなのだ。のちに小林家から寄贈された。

この「鬼十則」は海も越えている。植田正也氏の『電通「鬼十則」』（ＰＨＰ研究所）によると、１９７０年代頃から広告会社だけでなく、一般企業でも英訳されたものがほしいという要請が増え、１９７６年にはＧＥのオフィスに日本語版が飾られた。これにより、英訳版がより望まれた。英語版は“Dentsu's 10 Working Guidelines”というタイトルになっている。

内容はこうだ（次ページ）。

もともとの日本語と比較して欲しい。「殺されても」などの過激な表現がある日本語版と比べると、ずいぶんとマイルドで、ソフィスティケートされたものに感じる。

〈Dentsu's 10 Working Guidelines〉

1.Initiate projects on your own instead of waiting for work to be assigned.
2.Take an active role in all your endeavors, not a passive one.
3.Search for large and complex challenges.
4.Welcome difficult assignments. Progress lies in accomplishing difficult work..
5.Once you begin a task, complete it. Never give up.
6.Lead and set an example for your fellow workers.
7.Set goals for yourself to ensure a constant sense of substance.
8.Move with confidence. It gives your work force and substance.
9.At all times, challenge yourself to think creatively and find new solutions.
10.When confrontation is necessary, don't shy away from it. Confrontation is often necessary to achieve progress.

出典：『電通「鬼十則」』（植田正也　PHP 研究所 2001＝2006）

訳されたのが、原文が発表されてから25年以上後であるし、海外の人にも理解されやすいように、配慮されたものとも言えるだろう。書き換えられたというレベルに感じる部分も正直ある。文化の違う人に伝えるために、根底の部分を訳したらこうなったとも言える。いや、本当に言いたかったのはこういうことだったのではないかとすら思えてくる。

はじめて「テレビ24時間放送」を実現するなど、伝説の電通マンと呼ばれる柴田明彦氏は『ビジネスで活かす電通「鬼十則」』（朝日新聞出版）や『漫画・電通鬼十則』（KADOKAWA）などで、電通「鬼十則」の解釈を試みている。

たとえば「摩擦を怖れるな〜」という一節は、折衝《せっしょう》や交渉時に限ったものではなく、自分自身の既成概念・固定観念、前例、慣習、作法などすべてを冷静に見つめ直し、必要に応じて打破《だは》していくプロセスの「摩擦」というものも含まれるのではないかと、彼は解釈している。いかにも強面《こわもて》の、軍隊、体育会風の電通マンが強引に仕事を進める光景を想定するかもしれないが、そういうわけではない。

柴田氏はこの言葉と向き合うこと、考えて実行することは仕事に誇りと自分軸を持つ行為だと定義している。あたかも三波春夫の「お客様は神様です」に関する誤解と、三波本人や遺族による釈明にも通じるものがある。

電通「鬼十則」をめぐってはネット上で「昭和的価値観だ」という評価が散見されるが、そもそも昭和の言葉だ。60年以上前の言葉なのだ。今とは時代背景が異なるのは言うまでもない。だからこそ、真《ま》に受けるのではなく、解釈が必要なのである。

問題は、この言葉が独り歩きしてしまったこと、仕事のあり方を強要する「だけ」のものだと解釈されてしまったこと、社内外に深く解釈し、伝える語り部がいなく（少なく）なってしまったことではないだろうか。

2000年代になってからは企業において、ビジョン、ミッション、バリューを再定義する動きが出てきた。しかし、中にはこれらの言葉もまた、長時間労働礼賛、社畜礼賛のものになっていないか。仮に美しい言葉であったとしても、だ。

さらには、もともとの意味とは異なる解釈で広がっていないか。あるいは、現状と大きくずれ、従業員に過度な労働を強要していないだろうか。この電通「鬼十則」をめぐる問題はわが事として捉えないといけないのだ。

不祥事が起こった場合、社外から叩かれそうな、組織のカルチャーに関する言葉を取り下げる、修正するのは、企業においてはよくある話ではある。拙著『リクルートという幻想』（中央公論新社）でも紹介したエピソードだが、リクルート事件後、創業者江副浩正《えぞえひろまさ》氏の言葉であり社訓だった「自ら機会を創り出し、機会によって自らを変えよ」は、取り下げられた。

バッシングの嵐の中であり、会社として生まれ変わるべき時期であったが、それだけでなく「何のため？」「誰のため？」が不明確だったということが問題とされたからだ。ワタミも過労自死事件が起こったあと、理念集から「24時間365日死ぬまで働け」を削除した。

一部の報道やエントリーが触れているが、むしろ問題は、新興の部署であるがゆえに、旧来の電通のやり方が通じないうえ、組織が不安定だったこと、顧客からの要望も厳しかったことではないか。

批判を逃れるためにも「鬼十則」を社員手帳へ掲載しないというのは、普通に考えると賢明な判断のように見える。だが、1991年の過労自死事件の後も、その裁判の結審の後もこの言葉は載り続けた。なぜ今回の事件が起きるまで載せ続けたのか。同社には丁寧な説明が求められるだろう。

メディアも、同社も「鬼十則」への責任転嫁をして、問題の本質から逃げているように見える。いかに労働環境を改善するのか、取引先も含めて作り上げられている過重労働をどうするか。その議論が先だ。22時強制退社というのは、変化のきっかけや、ポーズとしては悪くないが、本質的な対応ではない。

なお、電通社員によると、22時以降は取引先とのやりとりも禁止になった旨を顧客に伝えたところ、「電通の強みは失われましたね」と言われたという。日本の企業社会の闇を感じた。

博報堂社員、メディア関係者と考えたこと

2017年1月17日、私は大変に貴重な体験をした。大手広告代理店博報堂の、ある局の会議に呼ばれたのだ。局会と呼ばれる、局全体の会議で、同社のその局における「働き方改革」を議論した。

会議は私の講演から始まった。電通過労自死事件に関連して、たくさんのメディアから取材を受け、コメントしたり、時に寄稿《きこう》したりしたわけだが、ここまで述べたような論点のすり替えの連鎖《れんさ》、報じられ方に関する違和感などを述べた。質疑応答コーナーも白熱した。特に、モチベーションと働きすぎの問題をどう考えるかなどに関して、議論が盛り上がった。

役員、局長も同席する場だったが、大手広告代理店のように、それぞれの顧客に対してオーダーメードでオリジナルの企画をつくる企業において効率化をどう進めるかなど、業務の特性そのものについての議論も行なわれた。従業員を大切にし、働き方を改革することによって、結果として売上や利益を圧迫する可能性がある場合、そのことを株主に理解してもらうためにはどうすればいいのかなどの議論も盛り上がりを見せた。仕事を覚えなければいけない若手社員、モチベーションの高いもっと仕事をしたいと思っている社員の労働時間をどう抑制するかなど、管理職の悩みも語られた。

その後、平均残業時間別にグループに分かれ、働き方改革のためのブレーンストーミングが行なわれた。さすが、大手広告代理店だけに、たくさんのユニークなアイデアが出た。ポジティブな空気が漂っていた。

もっとも、ここでもわれわれはある壁にぶち当たった。顧客との関係をどうするか、商品・サービスの特性上、ほぼオーダーメードしかありえない業態の場合にどのように労働時間を減らすか、取引先や株主にどう理解してもらうかなどである。

電通を叩いているメディアも、明日はわが身だという自覚が必要だ。この件で、取材依頼が多数きているが、社交辞令的に「ウチも電通さんのことを言えないですけどね」という言葉をどの会社も発するうえ、実際、厳しい環境なので笑えない。一部の企業では経営陣から社内に警鐘《けいしょう》が鳴らされているようだが。

新聞、雑誌、テレビ、ラジオ、ウェブなど、メディア企業の方と会い、取材を受けるたびに、彼らの企業の労働環境に関して意見交換も行なった。全国紙の労働組合の勉強会に呼ばれたこともある。

電通過労自死事件や、働き方改革を追うメディア企業たちもまた、苦悩に満ちていた。全国紙数社では「夜討《ようう》ち朝駆《あさが》け」の規制が検討されているという。事前申請制にするなどの動きだ。しかし、それをやってしまってはジャーナリズムとしてどうなのかという葛藤《かっとう》だってある。働き方の改革は大事だが、それで企業の存在意義、果たすべき役割が揺らいでしまっても良いのだろうか。

社会的役割を果たしつつ、働き方改革を進めるためには、人を増やすかＩＴに投資するしかないという話になるが、そのような判断をできるわけでもない。皮肉なことに、電通は人を増やすこと、労働環境を改善することについて、ステークホルダーから認められた企業とも言える。人員増強への投資を容認されたのである。

仕事の特性として属人的な部分がある。電通叩き記事を書くメディア企業自体も、矛盾、葛藤を抱えつつ働いているのが実態だ。

この構造的問題をどう乗り越えていくのか。メディア各社の動きに注目したい。

「電通がつくるのは、前例のない未来だ」

電通は、高橋まつりさんの事件を機会に再発防止措置を講じることを約束し、取り組みを始めている。もっとも、運用がどうなるのか、良い結果が出るのかどうかはわからない。職場で人が死んだり、倒れることを良いとはまったく思わない。ただし、対策の難易度が高いことは言うまでもない。

そこには業態の特殊性というものがある。何より、第2章でも触れたように業務の範囲が明確ではなく、多くの業務量をこなさざるをえないという日本企業ならではの問題もある。

大きな事件が起きたがゆえに注目が集まるが、本質的な解決にするためには、広告業界について、揚《あ》げ足取りをするのではなく、中長期の視点で見守るべきではないだろうか。この博報堂の反応も含め、問題の根深さを実感するとともに、わが事として考えるべきだろう。

2017年2月、電通は2018年度新卒採用のサイトをオープンした。メインのキャッチコピーは「電通がつくるのは、前例のない未来だ」だ。胸を打つコピーが書き綴《つづ》られている。

この世界は、想像以上のスピードで変わっている。

過去の成功をなぞるだけでは、
どこにもたどり着けない。
今までのやり方では、
ほとんどの問題は解決できなくなった。

だから、電通はつくる。
驚きのアイデアで、考えもしなかった未来を。
そのために、私たちはクライアントと、
道なき道を進み、どんな壁も突破していく。
最後まで決して諦めない。

世の中の期待を遥かに超えようとすれば、
昨日にはなかった楽しさや刺激が生まれる。

最高におもしろく、最高にやりがいがある。
そんな場所で働くとして、
キミならどんな未来を描くだろう。

電通がつくるのは、
前例のない未来だ。

出所：電通２０１８年度新卒採用サイト
http://www.career.dentsu.jp/recruit/2018/top/

同サイトでは社員たちの活躍や、新しい取り組みが多数紹介されている。働き方に関して大きくコーナーを作っているわけではない。この渦中《かちゅう》で、採用活動のホームページでこのコピーを打ち出すのは、勇気と覚悟のいることである。何をやってもバッシングされる局面である。メインのページで労働環境について触れているわけではないが、「COMPANY」のコーナーをクリックすると、ポップアップで、次のメッセージが表示された。

当社の労働環境について
電通はいま、ひとりひとりの社員のその働き方を見つめ直している途上にあります。

皆さんが入社される２０１８年には、進化した電通として皆さんを迎え入れることができるよう、私たちは、全社を挙げて、良い仕事の取り組み方の改革に取り組んでいます。

当社の新卒採用サイトに訪れて頂き、誠にありがとうございます。

株式会社　電通

出所：電通２０１８年度新卒採用サイト
http://www.career.dentsu.jp/recruit/2018/company/

もっとも、これらのメッセージに関して、電通は「有言実行」をしなければ意味がない。単なるポエムだと批判する声も散見された。電通は前例のない改革を迫られている。起こってはいけない事件だったが、ここから何が生まれるのか。この本の校了前に、あるメディア主催のパーティーで電通の営業部長とばったり会ったのだが、彼は「これからのウチの変化を見て欲しい」と語った。自信に満ちていた。事態を見守りたい。

この章では、電通過労自死事件を検証してきた。電通の特殊性に責任転嫁するのはナンセンスで、日本の労働社会に共通する話だと認識するべきだ。亡くなった高橋まつりさんの命をムダにしないために、丁寧に議論しなくてはならないのである。

第5章

「働き方改革」の虚実

「なぜ、働き方改革か？」という素朴な疑問

この章では、「働き方改革」、その中でも「長時間労働是正」に関する議論について考察する。時代は「働き方改革」の大合唱だ。２０１６年夏の参議院選において与党で３分の２の議席を獲得した安倍晋三《しんぞう》首相は、第３次第２次改造内閣を始動させた。この内閣は「未来チャレンジ内閣」と称している。

参議院選後の内閣改造に関して、２０１６年８月３日に行なわれた記者会見で安倍首相は「働き方改革」について「最大のチャレンジ」と位置づけ、「長時間労働の是正」「同一労働同一賃金の実現」「非正規という言葉をこの国から一掃」「最低賃金の引き上げ」「高齢者への就労機会の提供」「テレワークの推進」などの検討事項を挙げた。

もっとも、働き方に関する安倍首相の意向は、参議院選後の内閣改造の前にも何度か表われている。２０１６年2月28日の「一億総活躍社会実現対話」では、アベノミクスの目標として『戦後最大のＧＤＰ６００兆円』、『希望出生率１・８』、『介護離職ゼロ』を掲げ、「一億総活躍」というコンセプトのもと、多様な人の多様な働き方を

約束したうえで、改革の3つの柱として、非正規雇用の待遇改善とそのための同一労働同一賃金の導入、長時間労働の是正、高齢者の活躍推進を提示していた。

釈迦に説法のようだが、「なぜ働き方改革が必要だとされているのか?」ということを確認しておきたい。語尾にご注目いただきたい。「働き方改革」が「必要だとされている」という、まわりくどい言い回しにしている。政府や経済団体、メディアが喧伝する「働き方改革」と、それが必要な理由と、世の中のニーズには乖離《かいり》がある可能性があるからだ。

「働き方改革」に関して釈然としない読者の方も多いのではないだろうか。何のための働き方改革なのか、依然として不可解である。どんな社会を実現したいかということを明確にしたうえで、働き方を論じないといけないはずだ。それが、働き方改革の目的化のような印象を受けてしまう。

庶民の視点から言うならば、個人の働き方を国が考えてくれそうでいて、単に介入しているように見えてしまう。国民のためにと言い切ってくれるなら、まだわかる。ただ、経済成長のため、国のためと言われると、わからなくはないが、抵抗感はある。

いや、仮に経済成長のためだと言い切るなら、働き方改革がそれにどうつながるのかについて、具体的なビジョンを示していただかないと納得がいかない。経済成長には付加価値の高いものを創り出すという発想も必要だ。それは働き方の見直しだけでは成し遂げることはできない。見方を変えると、働き方改革のようで、休み方の話に終始しているように感じる方もいるだろう。

私が政府が打ち出している「働き方改革」と、それに応じた企業の取り組みに疑問を抱いているのは次の点である。

・誰のための、何のための働き方改革なのか?
・別に新しい取り組みを行なっているわけではないのではないか?（論点も対策も、新しいようで古い。その根深さを認識しているのか）
・政策、施策が何に効くのかを意識しているのか? その施策の副作用を認識しているのか?

これらをやりきるのには、相当の覚悟が必要だ。はたして本気なのだろうか？　働き方改革全般に言えることなのだが、そもそも何のためで、何にどう効くのかという設定が甘く、ポエムのようなふわふわした話にしか聞こえないのだ。

アベノミクス「新・3本の矢」とどう連動するのか？

「働き方改革」は何のために行なうのか。国家として目指す姿との連動はできているのだろうか。

歴史学者・チャンドラーの命題に「組織は戦略に従う」というものがある。国に置き換えて考えると、働き方改革は、これらの国家戦略と連動するべきではあるまいか。もっとも、「戦略は組織に従う」という考えもある。つまり、組織は現状を見ないと戦略も立てられないだろう、もしくは立てても実行できないだろうという考え方もあるのだ。ただ、何かを達成したいがゆえに、組織を動かすという考え方があるということをここでは確認しておく。

「戦略とは『何をやり、何をやらないのか』を選択することだ」という、戦略論の大家であるマイケル・ポーターの言葉がある。ポーターは「効率化は戦略ではない」とも言っている。

よく日本企業の強みと言えば、効率を追求していることだと言われるが、それは戦略でも何でもないということである。戦略とは、何をやるかを決めて、それを実行するということだ。やらないことを決めることでもある。これらを念頭に置いて、「働き方改革」について考える必要があるだろう。

政府が進めるアベノミクスは、第一弾として「３本の矢」（大胆な金融政策、機動的な財政政策、民間投資を喚起する成長戦略）を掲げ、つぎに「新・３本の矢」を打ち出した。

「新・３本の矢」では「希望を生み出す強い経済（ＧＤＰ６００兆円）」、「夢をつむぐ子育て支援（希望出生率１・８％）」、「安心につながる社会保障（介護離職ゼロ）」が挙げられている。

「日本再興戦略２０１６」では、次の10の事項が掲げられた。

1. 第4次産業革命の実現
2. 世界最先端の健康立国へ
3. 環境エネルギー制約の克服と投資拡大
4. スポーツの成長産業化
5. 既存住宅流通・リフォーム市場の活性化
6. サービス産業の生産性向上
7. 中堅・中小企業・小規模事業者の革新
8. 攻めの農林水産業の展開と輸出力の強化
9. 観光立国の実現
10. 官民連携による消費マインド喚起策等

出所：官邸HPより

働き方改革がこれらのすべてを解決するわけではないし、連動するわけではない。ただ、仮に国家の経済成長を目的とするならば、どう連動するのかが議論されるべきである。
成長戦略により、経済を豊かにするために、「働き方改革」をするという論法が正しいのではないか。それはそれで、労働者不在だと指摘されるかもしれないが、要は、経済を成長させるためには、今までの働き方では立ち行かない、それゆえに「働き方改革」が必要だという論理であれば、好き嫌いは別にしても、論理が通るのである。しかし、その連動は十分だろうか。

「働き方改革」における検討事項

２０１６年秋から行なわれている「働き方改革」をめぐる議論での検討事項を確認しておこう。次の論点が、検討事項となっている。

働き方改革実現会議での検討事項

1. 非正規雇用の処遇改善（同一労働同一賃金）

2. 賃金の引き上げ
3. 長時間労働の是正
4. 転職・再就職支援、副業訓練
5. テレワークや副業・兼業など柔軟な働き方
6. 女性・若者が活躍しやすい環境
7. 高齢者の就業促進
8. 病気の治療、子育てや介護と仕事の両立
9. 外国人材の受け入れの問題

出所：「朝日新聞」2016年9月28日付朝刊

ここでまず確認しておきたいことは、「働き方改革」という言葉の響きから言うと、「長時間労働の是正」や「同一労働同一賃金」や「柔軟な働き方」がメインテーマになりそうだが、実際のテーマは多岐《たき》にわたっていることである。

「働き方改革」はいかにも「自由な働き方」「多様な働き方」を想起させる言葉では

あるが、これらのことだけを議論しているわけではない。賃金の引き上げ、女性・若者が活躍しやすい環境、高齢者の就業促進、外国人材の受け入れの問題などもテーマに含まれている。

「改革」というと、いかにも既成《きせい》の概念を取り壊していくかのように思えるのだが、議論されるテーマは決して新しいものではないことを確認しておきたい。

「長時間労働の是正」に関しては、前出のとおり、前川レポートでも検討され、対策が講じられたように、日本の労働問題としては長年議論されてきたことだ。

労働時間の上限を設けようという取り組みは、10年以上前から議論されていたことである。民進党（旧民主党）や連合（日本労働組合総連合会）などから改革案も出され続けてきた。

「テレワーク」についても、ずいぶん前から始まっていることであり、別に新しいものではない。試行錯誤が積み重ねられており、知見もたまっている領域であると言える。これまでの取り組みを経て、むしろテレワークから、オフィスに出社してのワークを推進する方向に舵《かじ》を切った企業もある。世界のＩＴ企業が都市部にオフィスを構え、対面でのコミュニケーションを重視する方向にシフトしていることなどが良い例だと言えよう。最高の発想は、優秀な人が膝をつき合わせて考えるからこそ、生まれるのだ。

ゆえに、この手の議論をする際には、今までどのようなことを人々は議論してきたのか、経験してきたのかということを確認しなくてはいけないであろう。「働き方」の「改革」が「最大のチャレンジ」として、国を挙げた取り組みとして取り上げられることは、労働問題と向き合う者として、感慨深いものがある。労働者を搾取《さくしゅ》する社会や会社に未来はない。ぜひ取り組むべきだろう。

しかし、注意して考えなくてはいけないこともある。それは、これらの議論があたかも今から始まったかのように捉えられているがこれは大きな誤解である。与野党とともに、雇用・労働をどう変革するかを議論しつづけてきたのである。

論点は新しそうで古い

「働き方改革」をめぐる議論は別に新しいものではない。あたかも、安倍政権が国民の意向をくんで新たに取り組みはじめたかのように感じる方もいるだろうが、そこで検討されていることは新しそうで、古いものである。しかも、労働政策はもともと労働組合を支持母体とする民進党が得意とする分野である。それを見事に自分のものであるかのように取り込んでいる。

2016年の参議院選では、与党である自民党や公明党に限らず、各党それぞれ働き方を変えるという政策を打ち出していた。民進党も、共産党も、その他の党もその根本にある考え方や、具体的な検討内容、実行のプロセスの違いはともかく、各党の雇用・労働をめぐる政策は横並び感があった。あえて横並びにすることによる与党の論点封じを感じさせるものでもあったが、少なくとも表面上は、与野党ともに、「働き方改革」的なものを掲げ、その論点は似通っていた。

安倍内閣の「働き方改革」も今に始まった話ではない。すでに第1次安倍内閣時代の2006~2007年においても「ホワイトカラー・エグゼンプション」や「ジョブ・カード」などが掲げられていた。前者は法案提出を見送り、後者は成立、施行に至ったが、定着したとは言いがたい。

２０１２年12月に成立した第２次安倍内閣以降も「解雇の金銭解決」「脱時間給制度」「同一労働同一賃金」「長時間労働是正」などが掲げられた。労働者派遣法の改正も行なわれ、同一人物が同一部署に派遣される期間を3年に限定したうえで、無期雇用への転換を促すようになった。大卒者の就職活動の時期の見直しも行なわれた。女性活躍の推進、一億総活躍などのキーワードも飛び出している。

２０１６年夏の第３次安倍第２次改造内閣においては、加藤勝信《かとうかつのぶ》氏を働き方改革相に任命し、この動きを加速させる姿勢を見せている。

ここで確認しておきたいのは、第１次安倍内閣が提唱した改革の方向性、つまり労働時間と給与を切り離す、格差を是正する、雇用の流動化を促す仕組み作りなどの考え方は、その後、首相が交代しようとも、政権が交代しようとも、大きな流れにおいては生き続けているということだ。

また、２０１６年夏の第３次安倍第２次改造内閣においては働き方改革相を立て、さらには各省に担当を置くなどの動きは、改革の優先順位の高さだけでなく、事実上、厚労省を分断し、骨抜きにしているかのようにも見える。

奇妙な「働きすぎ論」

ここまで述べてきたように「働き方」がわが国にとって、国を挙げて取り組む問題として掲げられていることを踏まえたうえで、その問題提起や政策と現実の乖離について論じることにする。

政府の「働き方改革」という方針を受けて、企業や個人が創意工夫し、取り組みをする。新しい取り組みをメディアが取り上げる。日本人が「働きすぎ」であることや「生産性が低い」と断定され、だから「働き方改革」が必要だとされ、新しい取り組みがさも上手くいっているかのように取り上げられる。ここで、「働き方改革」の誤解が形成されていく。

まず、「働き方改革」は労働時間や生産性「だけ」の問題ではない。全体の最低賃金の引き上げ、正規雇用者と非正規雇用者の格差の是正、高齢者の就労促進なども含めたものである。長時間労働の是正は優先順位の高いテーマではあるが、それだけではないのだ。

メディアで「働き方改革」が伝えられる際の、ステレオタイプ化されたイメージも事実誤認を誘発している。メディアでは「日本人は働きすぎ」であること、「世界と比較して生産性が低い」ことがセンセーショナルに伝えられ、新たな取り組みが紹介される。

たとえば、私は２０１５年７月にＮＨＫの「週刊ニュース深読み」に呼ばれ、「働き方改革」に関して議論した。「ゆう活」が話題になり始めた頃だった。朝の出勤時間を早くするなどして、夕方に早く帰宅し、育児や介護、自己啓発に取り組むことを推奨するムーブメントである。

番組の中での「日本人は働きすぎ」に関する論拠はきわめて薄弱であり、原因の掘り下げも不十分だったと言わざるを得ない。「働きすぎ」に関して出てくるキーワードは、無駄な会議や、付き合いでのダラダラ残業だった。視聴者にとって共感を呼ぶ描写ではある。ただ、それは一般化できるものだろうか。

なお、この手の番組でよく取り上げられるのが、日本はダラダラ会議をしているという話である。問題点を指摘していそうで、新橋《しんばし》の居酒屋での愚痴《ぐち》と変わらないレベルのものだ。なぜ長くなるのかにメスを入れなくては、その構造を理解したことにはならない。

そもそも、会議のやり方を教えてもらえるのは研修制度の整った大企業においてである。しかも、そのやり方を学んだところで、ワークしているかどうかはわからない。多様な人の意見を聞くのだから、長くなるものなのである。たくさんの人を集めて行なってしまった方が、言った、言わないという話を避けられるので楽だという点もある。なお、効率化した会議により、かえって次につながるような意味のあるムダが削がれる可能性もある、という点にも着目しなくてはならない。

「日本人は働きすぎ」であるという言葉自体、間違ってはいないが、実態を歪《ゆが》めてしまっている。「働きすぎ」と一言で言うが、それが労働時間の絶対量のことを言っているのか、働き方の質のことを言っているのか不明確である。いつの、何と比較しているのかも不明確だ。

第1章で整理したが、「働きすぎ」と言うが長期のスパンでは労働時間は減少はしており、労働時間の二極化とも言える現象が見られているというのが現実だ。

日本は「労働生産性が低い」という論の虚実

「働き方改革」に関連して論じられるのが、日本の「労働生産性」の問題である。

日本生産性本部が発表した「労働生産性の国際比較　２０１６年度版」によると、ＯＥＣＤデータに基づく２０１５年の日本の時間当たり労働生産性は、42・１ドル（４４３９円）だった。アメリカの６割強の水準で、順位はＯＥＣＤ加盟35カ国中20位である。一人当たり労働生産性は、７万４３１５ドル（７８３万円）でありＯＥＣＤ加盟35カ国中22位となっている。

なお、ＧＤＰ基準改定後のデータも公表されている。この推計では、２０１５年の時間当たり労働生産性は44・８ドル（４７１８円／購買力平価〈PPP＝物価水準などを考慮した各国通貨の実質的な購買力を交換レートで表わしたもの〉換算）となっており、従来基準から６・３％上昇して、順位もＯＥＣＤ加盟35カ国中19位と従来基準による順位から一つ上昇している。一人当たり労働生産性は７万８９９７ドル（８３２万円）となっている。順位は、ＯＥＣＤ加盟35カ国中22位となっている。

もっとも、いずれにせよこの基準で比較した場合、ＯＥＣＤ加盟35カ国の中では低いと言わざるをえない。このデータをもとに、メディアではダラダラと残業している様子や、会議が長いことなどが紹介され、「だから労働生産性を上げるべき」という論が展開される。私が「働き方改革」関連で、NHKや民放の番組に出演するたびに、このようなデータが紹介された。識者もこれを論拠に「だから働き方改革が必要だ」と論ずる。

ここで立ち止まって考えたい。そもそも「労働生産性」とは何なのだろうか？　この意味を捉えなくては、問題提起も、議論も成立しないはずだ。実は多くの読者が説明できないのではないだろうか。おそらく「効率」のことを考えているのではないだろうか。それ自体が、大きな間違いであり、誤解である。

この国際比較で使われる「労働生産性」という指標は労働者一人当たりで生み出す成果、あるいは労働者が1時間で生み出す成果を指標化したものである。アウトプット（付加価値額または生産量など）をインプット（労働投入量：労働者数または労働者数×労働時間）で割ったものである。国際比較の際には購買力平価（PPP）によって通貨換算をして行なう。

労働者がどれだけ効率的に成果を生み出したかを定量的に数値化したものであり、労働者の能力向上や効率改善に向けた努力、経営効率の改善などによって向上する。労働生産性の向上は、経済成長や経済的な豊かさをもたらす要因とみなされている。

ただ、お気づきの通り、産業構造や人口などが影響するので一企業や一個人の努力「だけ」では向上が期待できないものでもある。労働者のパフォーマンスだけでは向上しないのである。さらに言うならば、一国家の努力すらも簡単に反映されるわけではない。生み出した付加価値や、それに対する需要も関係する。だから「ダラダラ残業」や「長い会議」を是正することで向上する可能性はあるにはあるが、それ「だけ」では劇的に向上しない。

2015年のOECD加盟諸国の時間当たり労働生産性のランキングを見てみよう。単位は購買力平価換算USドルだ。1位がルクセンブルク（95・0）、2位がアイルランド（87・3）、3位がノルウェー（81・3）、4位がベルギー（70・2）、5位がアメリカ（68・3）、6位がフランス（65・6）、7位がドイツ（65・5）、8位がオランダ（65・4）、9位がデンマーク（65・0）、10位がスイス（64・2）だ。日本は20

位（42・1）だ。ＯＥＣＤ平均は50・0となっている。

ランキングを見てお気づきの方も多いことだろう。ここで言う労働生産性が高い国とは、金融センターか資源を持っている国、あるいは都市国家など小規模の国だ。

１９８０年から１位はずっとルクセンブルクだ。ユーロ圏を代表する金融センターであり、重工業も栄えている。なんせ、人口は60万人程度の小国だ。日本で言うと、東京都八王子《はちおうじ》市、千葉県船橋《ふなばし》市、鹿児島県鹿児島市程度の人口の国家だと思っていただきたい。

主要先進7カ国（アメリカ、フランス、ドイツ、イギリス、イタリア、カナダ、日本）で比較しても、統計で遡《さかのぼ》ることのできる１９７０年以降、日本は最下位の状況が続いている。石油ショックの前も、バブルの時代も最下位であり続けたのだ。

なお、製造業とサービス産業でも生産性の考え方は違う。日本ではサービス産業がＧＤＰベースでも、就業者数ベースでも全体の約7割を占める。サービス産業の生産性アップが課題だとされるが、計測上の問題を抱えている。サービス産業は、24時間営業などが過剰なサービスだと指摘されているが、それを換金しているわけではない。海外のようにチップをもらうわけでもない。

日本の労働生産性が国際比較して低いということ自体は間違いではないし、国家、企業、労働者の努力、創意工夫によって改善できるのもまた事実ではある。ただ、そもそも指標の問題、限界を抱えていることを確認しておきたい。この指標だけを追いかけるのではなく、さまざまな指標とともに、定量的な計測だけでなく、定性的にも捉えなくてはならない。なんせ、儲かる産業を創らなくてはならない。労働者の努力だけでは数値は改善しないのだ。

「日本は労働生産性が低い」「だから、これをアップさせなくてはならない」というのは、間違ってはいないが、戦略的ミスリードだとも言えるのである。何より、あたかも労働者が怠《なま》けているかのような印象操作は許してはなるまい。

成果と時間を切り離すと、ますます労働時間が増える可能性もある

労働時間と賃金を切り離す考え方が議論され続けている。「ホワイトカラー・エグゼンプション」や「高度プロフェッショナル制度」などがそうだ。

産業構造が変化する中、高度な技能が求められる仕事、柔軟な発想が求められる仕事においては、あくまで成果に基づいて評価するべきではないかという論がある。労働時間と賃金を切り離すことにより、柔軟な働き方が実現するという考え方もある。たしかに、時間をかけたところで良い企画が生まれるとは限らない。育児や介護に関わる者にとっても、両立がしやすくなるのではないかとも考えられる。

ただ、この問題については慎重に議論をしなくてはならない。野党である民進党や、その支持母体である連合からは「残業代ゼロ法案」と呼ばれ、批判され続けている。

この「人の定額使い放題」問題もそうだが、もう一つ、忘れてはならない視点がある。労働時間と賃金を切り離して、成果で見ようとした場合、労働時間は本当に減少するのかという問いである。この問題については、国内外で労働時間には必ずしも貢献しないという研究が積み重ねられている。

ホワイトカラーがなぜ「サービス残業」するのかに関して、経済学的背景を探った高橋陽子《たかはしようこ》による研究「ホワイトカラー『サービス残業』の経済学的背景——労働時間・報酬に関する暗黙の契約」（『日本労働研究雑誌』No.536）では、以下のような結果が示唆《しさ》された。

大企業ホワイトカラーへのアンケートデータを用い、サービス残業をする労働者はしない労働者に比べて総報酬額が高いことが、確認されている。これは、通常不払い労働と考えられている「サービス残業」の少なくとも一部には、ボーナス等を通じて対価が支払われていることを示している。このような「サービス残業」が発生する理由の一つとして、企業が労働者の総労働時間ではなく成果を基準に報酬を決めるようになったことが示唆されるとしている。

他にもこの成果主義と労働時間に関する研究は、国内外で積み重ねられている。これらが、労働時間短縮に必ずしも貢献しないことも認識しておきたい。

このような施策は、労働時間の「みえる化」ならぬ「みえない化」を促してしまう。仮に、労働時間と賃金を切り離すような考え方をするとすれば、労務管理が重要であることは言うまでもない。

「働き方改革」で業績は上がるのか？

「働き方改革」に関するもう一つの大きな誤解について指摘しよう。それは、「働き方改革」や「ダイバーシティ」「ワーク・ライフ・バランス」の推進によって、企業の業績は上がるのかという視点である。

経済産業省は2012年から毎年、「ダイバーシティ経営企業100選」を選定し、発表している。2015年度からは「新・ダイバーシティ経営企業100選」を開始している。「ダイバーシティ」というと、女性の活躍とイコールのように考えられるが、そうではない。

この賞においては、障がい者、高齢者、外国人などの活躍を実現した取り組みなども表彰される。表彰される対象も、企業規模、業界、地域などもさまざまである。事例の紹介も、成功させたポイントなどを具体的に開示しており、参考にしやすい。

ただ、私はこのコンテスト及びレポートについて、長年、疑問を抱いてきた。大きな疑問は2つである。1点目は「ダイバーシティ」「ワーク・ライフ・バランス」を推進するメリットについて、擬似相関《ぎじそうかん》の疑いがあることだ。2点目は、紹介されている取り組みの成功要因が、真因だと言えるのかという疑いである。

このレポートでは毎年、「ダイバーシティ」「ワーク・ライフ・バランス」を推進する企業の業績が良いことが、論拠となるデータとともに紹介されている。しかし、業績にどれだけ貢献できたのかは、論拠が薄弱である。

たとえば、経済産業省の関係者がその論拠として紹介するのは次のようなデータだ**〈図15〉**（185ページ）。日本において、女性の活躍推進に取り組んでいる企業（均等推進企業表彰企業）は、株式パフォーマンスがＴＯＰＩＸ平均を上回る水準で安定して上昇する傾向があるということが、ダイバーシティやワーク・ライフ・バランス関連のレポートや、シンポジウムにおいて報告されている。

私も経済産業省の関係者と、２０１３年と２０１４年に女性向けワーク・ライフ・バランスのイベントと「日経人事・就職シンポ」というイベントに登壇した際、これらの説明を聞いている。手元に資料も残っている。

しかし、言うまでもなくこの説明は雑である。「ダイバーシティ」や「ワーク・ライフ・バランス」がクリティカルに業績に貢献したかは特定できない。うがった見方をするならば、業績の良い企業がIR（投資家向け広報）、PR、CSR（企業の社会的責任）の一環として福祉的な意味のダイバーシティやワーク・ライフ・バランス関連の取り組みをした可能性も否定できない。

海外でのM&Aの正否や、為替のレートの変化、業界全体の伸びなどの影響などを考慮しているのだろうか。

女性取締役を有する企業で構成したポートフォリオのリターン指数は、配当込みTOPIXのものと比べ、2008年の金融危機時の落ち込みが小さく、回復が早いというデータ〈**図16**〉もこの文脈で紹介されるが、これもそれ以外の要因を排除した分析とはいえない。

2点目の、ダイバーシティ、ワーク・ライフ・バランス推進の取り組みが成功要因たりえたかという点についてもそうだ。女性の視点が製品開発に活かされて、ヒットにつながったというような説明が散見されるが、ヒットの要因は簡単には特定できない。市場そのものが伸びていた、実は女性の視点を活かした商品開発よりも、営業力が物を言っていた可能性もある。

〈図15〉 均等推進企業表彰銘柄の対TOPIX超過累積リターン（平均値）

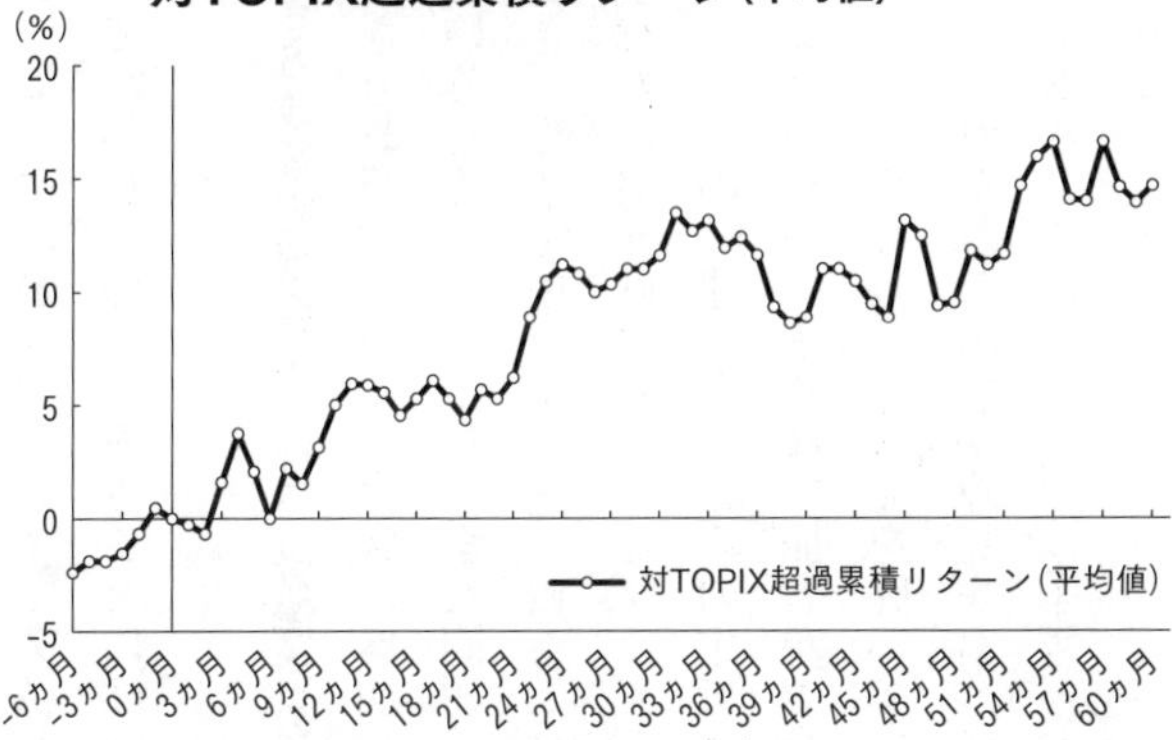

（注）厚生労働省（「均等・両立推進企業表彰（うち、均等推進企業部門及び均等・両立推進企業表彰。平成18年度までは均等推進企業表彰）」の受賞企業〈表彰月の月末に上場していた152企業〉）及び東証データをもとに作成。

出所：大和証券キャピタル・マーケッツ（株）金融証券研究所「クオンツ情報」2011年6月14日

〈図16〉 女性取締役ポートフォリオと配当見込みTOPIX

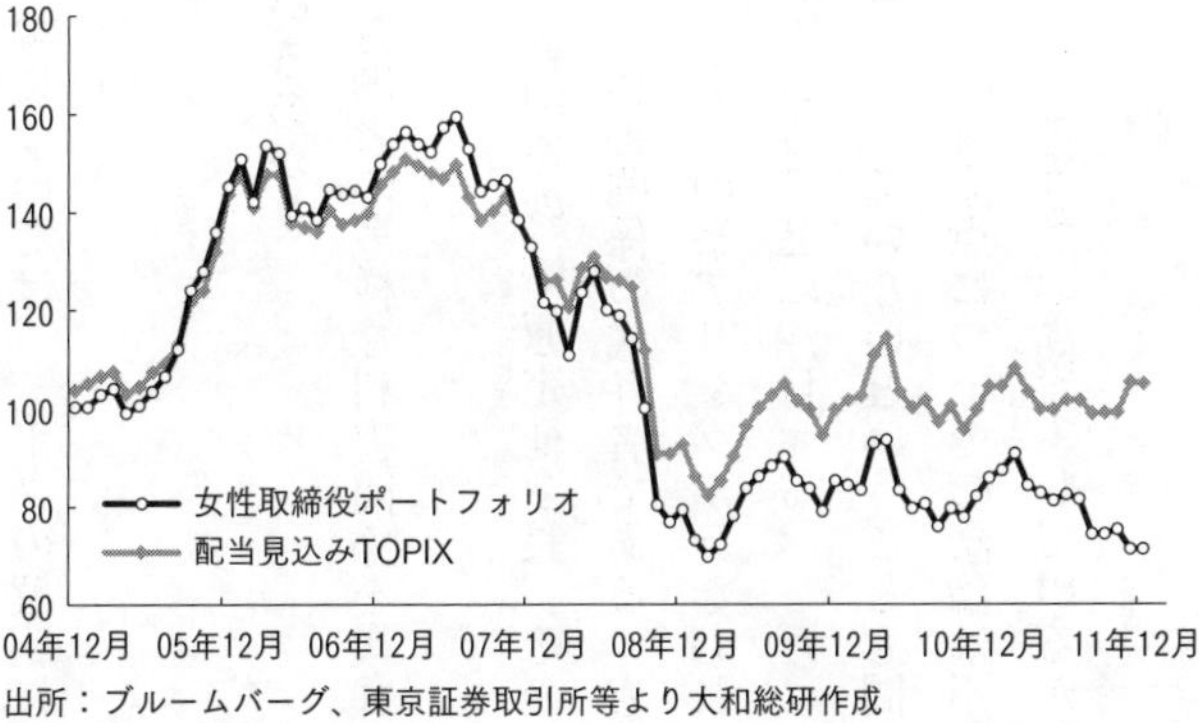

出所：ブルームバーグ、東京証券取引所等より大和総研作成

このように「働き方改革」で業績が上がったという論については、データの解釈について疑わしい部分があることに注意しなくてはならない。

「働き方改革実現会議」は、労働者の意見を代弁しているのか?

「働き方改革」をめぐる会議に参加している識者は、労働者の多様な利害関係を代弁しているだろうか。これもまた問題だ。

働き方改革実現会議には、連合の神津里季生《こうづりきお》会長、経団連の榊原定征《さかきばらさだゆき》会長、その他多様な論者が呼ばれている。ただ、彼らは大手企業の利害関係の代弁者である。もちろん、この一連の取り組みの中では多様な論客、労働者へのヒアリングが行なわれているというが、主要な参加者が大企業の代弁者中心であることに注目するべきだ。

さらに言うならば、意見を聞いているだけで、議論になっていないということも問題だ。それぞれの識者が意見を言っているだけだ。互いの対立点についての議論は不十分である。うがった見方をするならば、意見を聞くことを装って懐柔《かいじゅう》しているかのようにも見える。

日本では約６割の労働者が中堅・中小企業で働いている。「日本的雇用」の外にいる労働者も増えている。それはまさに、非正規雇用やフリーランスである。「働き方改革実現会議」はこれらの人の意見が反映されたものになっているのか。もっとも、反映しようとするとますます議論がこじれる。大企業の労使関係だけでも意見の対立が見られる。

同一労働同一賃金についても、経団連企業の利害関係の調整は困難だろう。むしろ、ドライバー、飲食関係者、肉体労働関係者といった領域の方がこの仕組みは導入しやすい。領域を決めて、段階的に導入していくことも有益である。

日本の雇用形態や業種・職種はすでに多様化しているし、大手と中堅・中小企業でも課題は違う。そのすべての利害関係を調整しようとすると無理がある。一方で、一部の大企業の利害関係によったものにならないよう留意するべきである。良かれと思った改善策が、企業規模や業界によっては実現困難なものになってしまっては意味がないからだ。

なんでもかんでも「働き方改革」と呼ぶな

国を挙げての「働き方改革」が話題となる中、メディアはこれに取り組んでいる企業や個人を積極的に取り上げている。しかし、「それは本当に働き方改革なのか」という視点も大切だ。

たとえば、ロイヤルホストを運営するロイヤルホールディングスが、24時間営業や定休日の見直しを行なうと報道された。一部のメディアは働き方改革の取り組み事例として紹介した。

私も24時間営業や営業日の見直しについては賛成だ。ただし、これは必ずしも「働き方改革」だけのものではないと考えている。なんでもかんでも「働き方改革」だと論じるのは乱暴だ。

ロイヤルホストに行って観察していただきたい。顧客は中高年が中心だ。豊かな中高年が来る店なのである。客単価もおそらく2500円から3000円ほどで、他のファミリーレストランや24時間営業や深夜営業の店とはビジネスモデルが違う。深夜にはメインの顧客層が来ないため、24時間営業を見直した方が効率的なのだ。

確かにそれは「働き方改革」に影響を与えることはある。煽りに煽ることが世の中を動かす場合もあるのだが、そういう間違った事例の伝え方をするのはいかがなものか。

なお、私は24時間営業や営業日の見直しには賛成だが、それによりこれまでその時間に働いていたアルバイト・パートの職が他に流れるという問題もある。

また、深夜営業をやめる企業に関しては労働者を獲得できないからという問題もある。構造的に労働力人口が減っていく中、今後もこの問題は起こることだろう。

企業における「働き方改革」の取り組み、その中でも成功事例だとされているものは、本当に成功事例だと言えるのかと疑う姿勢も必要だ。さらに、その制度そのものの矛盾にも注目するべきである。別に企業の創意工夫を否定しているわけではない。労働環境、さらには企業の業績をより良いものにするためには、成功事例から学ぶことは大切だ。

ただ、その成功事例自体に問題点や矛盾がある場合は、これを認識しなくてはならないのである。そうしなければ、不幸の連鎖《れんさ》が広がるだけだ。

たとえば、20時強制退社、5時からの早朝出勤可能な企業が成功事例として紹介されるが、理論上1日最大15時間は会社にいることが容認されているとも言える。不夜《ふや》城《じょう》といえる状態よりは良いが、十分に長時間労働であることは事実だ。残業を減らした人や部署に手当を支払う制度も、かえって残業をした方が高収入ではないか、早く仕上げる分、労働強化になっていないかなどの視点で見なくてはならない。

同業のある企業が取り組んでいる施策を、他社ではやらないのはなぜか。それを簡単に「体質が古い」などと断じてはいけない。そこには合理的な理由が存在する可能性がある。

メディアで紹介される事例も、その企業の全員が納得して実践した取り組みとは限らない。むしろ、メディアにリークすることで、外圧を利用し社内に定着させようという意図だってある。

企業は別に働き方改革のためだけに活動しているわけではない。なんでもかんでも働き方改革につなげるのも問題なのである。

「働き方改革」という言葉を皆が利用している。たしかに関連することではあるものの、皆、これに便乗した利益誘導をしようとする。働き方改革に取り組んでいる企業には、ＩＴ企業や人材ビジネスが目立つ。実際、「働き方改革」はこれの業界に「特需」をもたらす。かなり意地悪な見方だとは思うが、自社を事例にして営業をかけようという思惑すら見え隠れする。

本気で取り組むには、投資が必要となる。人事が制度をつくるだけでなく、人材の投入、ＩＴ投資、総務によるオフィスの投資などが必要となってくるのだ。部門間の連携がないと、成功しにくい。結局、この投資ができる企業とそうではない企業の差が広がっていくのではないか。結果として、ホワイト企業とブラック企業の格差が進む。体力のない企業がブラック企業のレッテルを貼られてしまうのである。

「働き方改革」に期待をしていいのか

働き方が国を挙げた議論になることは画期的だ。しかし、それが何もかもを解決するわけではない。よく少子化対策についてや、出産・育児・介護との両立などが議論されるのだが、働き方改革は一部の阻害要因にはなっているものの、これらのすべてを解決するわけではない。このことを意識しなくては、せっかくの議論が水泡《すいほう》に帰《き》す。国家を挙げた茶番になってしまう。

この本を執筆している2017年2月時点で、政府は、働き方改革実現会議での議論をうけて、労働基準法の改正を検討していると報じられている。政府案は年間で月平均60時間（年間計720時間）、繁忙期を考慮し最大で月100時間の残業まで認める案も出ている。超過した場合の罰則も検討されている。

これが国家を挙げた議論の結果だと思うと、唖然《あぜん》とする。繁忙期への対応はたしかに考慮するべきだ。しかし、過労死ラインを超える労働時間が容認されることを明記するのはどうか。また、平均60時間ということですら、丁寧な議論が必要だ。上限であるとはいえ、月間残業60時間は立派な長時間労働者である。

一方、仮に60時間だとしても、仕事の絶対量と任せ方を見直すという視点がなければ達成は困難だろう。これに法規制をかけることで、サービス残業が誘発されることも懸念される。

そもそも、この議論の過程で、日本で長時間労働が慢性化していることを労使ともに容認していたことが、明らかになっているのは皮肉な話である。経団連と連合のトップ会談が簡単にまとまらないのは、残業社会を放置していたからに他ならない。労使の合意を促そうとする安倍首相のやり方も、無責任だ。責任転嫁とも言える。

業種や職種、企業規模によっては、サービス残業をせざるをえない状態に追い込まれてしまうことだろう。仕事の絶対量や、任せ方に踏み込んだ改革ではないことは言うまでもない。しかも、企業には成長が期待されている。これは無理筋《むりすじ》ではないか。

この議論の過程で36《サブロク》協定批判も行なわれた。労使間で労働基準法の36条に基づき協定を結べば月45時間、年間３６０時間まで残業が可能になり、さらに特別条項をつければ最大半年（年６回）まで無制限で残業させられる。ただ、これがなぜ機能しなかったかというと、労働者側が、協定を受け入れ結ばざるをえないという弱さがあるからだ。労働者の立場が弱い状態が可視化される。

もちろん、長時間労働の規制は欧米では行なわれていることであり、導入が遅かったとも言える。規制の導入は賛成ではあるが、具体的な数字が定められることにより、その時間までは残業をさせるという状態にならないかという懸念もある。別に運用によっては36協定でも対応できないことはない話である。

人手不足が問題視される中、実現が可能なのかも疑わしい。業績の目標が変わらないまま、人材確保の施策も不十分なままだとやはりサービス残業を誘発してしまうのではないか。誤解なきように言うと、私は規制には反対ではない。ただ、他の施策も含めて段階的に行なわなくては、実現不可能な対策になってしまうのではないか。

「改革」を名乗りつつ、この程度のアウトプットかとも言いたくなる。「働き方改革」が国家を挙げたチャレンジではなく、茶番にならないように、われわれは動向を見守らなくてはならないのである。

第6章

働きすぎ社会の処方箋

「働き方改善」ではなく、「働き方改革」を

　この章では、日本の社会、企業において残業を減らすためにできることについて考える。そのうえで社会、企業、個人が取り組むべきことについて提案する。

　ここまで述べてきたように、政府が掲げる「働き方改革」、中でも特に長時間労働是正に関する問題点は、その原因である「業務量」や「仕事の任せ方」などに踏み込まないことである。各社で行なわれている取り組みがメディアで紹介されるが、「業務量」や「仕事の任せ方」という点に踏み込んでいないものが散見される。これは「改革」ではなく「改善」レベルである。

　もっとも、この仕事の絶対量を減らすという点に踏み込むか否《いな》かは、企業としても個人としても大きな決断を伴うだろう。企業にとっては売上や利益が、個人にとっては収入が減るのではないかというリスクがある。これをよしとするか否かに働き方改革はかかっている。

　もちろん、安全衛生管理という意味でも、仕事の効率化の創意工夫を生み出すためにも、労働時間に上限を設けるという発想は反対ではない。ただ、このように「業務

量」や「仕事の任せ方」に踏み込まない限りは改革とは言えない。労働時間だけが減っても、根本的な解決にならない。労働強化になるおそれがある。

いかに「一生懸命働かないか」という視点を持たない限り、「働き方改革」は名乗れないのではないか。

トヨタ生産方式が社会を変える

政府の「働き方改革実現会議」の有識者の顔ぶれを見て、大きく首を傾《かし》げたことがある。経団連や連合の会長、著名な論者は参加している。しかし、この席に呼ぶべき人が参加していない、と私は考えた。それは、トヨタ自動車関係者である。私が提案したいのは、日本を代表する企業であるトヨタ自動車が、長年かけて作り上げてきた財産であるトヨタ生産方式を社会に還元し、労働時間短縮に活かすことである。

「トヨタ」という社名や、「トヨタ生産方式」という言葉を聞いただけで引いてしまう人もいることだろう。中には「かんばん方式を入れるということか？」とか、「下請けイジメのようなことをするのか？」というような、かなりの早とちりとも言える批判を始める人もいることだろう。

違う。トヨタのモノづくりの秘密は「かんばん方式」だけではない。彼らの管理の知見を「働き方改革」に活かすのである。

少しだけ自分語りをさせていただきたい。私とトヨタ生産方式との出会いは、2002年の4月だった。2002年4月1日、トヨタ自動車とリクルートグループの合弁会社、株式会社オージェイティー・ソリューションズが設立された。

簡単に言うと、人材育成ソリューションサービス企業である。トヨタ自動車のモノづくりの現場で約40年間活躍した管理監督者を再雇用し、トレーナー役にする。顧客企業に改善プロジェクトチームをつくっていただき、トレーナーと半年間一緒に改善活動を行なうことにより、自ら現場を変革しつづけるリーダーを育成するというサービスだった。

同社はこれまでに何度か監修本をリリースしている。特にKADOKAWA（中経出版レーベル）から発売された『トヨタの口ぐせ』『トヨタの片づけ』などはベストセラーとなり、シリーズ全体で100万部近く売れている。なお、私の大学時代からの友人であり、ウェブ編集者の中川淳一郎の処女作は実は、同社に関する本である。私が同社で広報を担当していたときに、ライターとして推薦し、そうなったのだ。

私はこの企業の立ち上げメンバーとして送り込まれた。正直、戸惑った。トヨタ自動車は、自分にとって真逆の企業、つまり自分のスタンスとも、リクルートという企業とも水と油の関係だと思ったからだ。職場で普通に働くのすら息苦しいと思っていたのだ。当時、乗っていたクルマは輸入車のワゴンで、その点においても肩身が狭かった。

しかし、私の不安は杞憂《きゆう》に終わった。トヨタとリクルートは、目標達成意欲が高い、変化に前向き、人の成長・育成にとことん力を入れるという意味で共通していた。そして、モノづくりの鬼神《きしん》たちの職場管理スキル、改善スキルを見て感動した。管理が行き届いていて、快適で働きやすく、モチベーションに満ちた職場がそこにはあった。輸入車のワゴンに対しても猛批判するのではなく「トヨタ車の方がいいのに、なぜそのクルマに乗るのか?」と優しい視線で語りかけてくれた。

よくトヨタ生産方式とは搾取の仕組みだと思われている。在庫を持たずに製品をジャスト・イン・タイムで流す「かんばん方式」のイメージも強いことだろう。しかし、これはトヨタのモノづくりのノウハウの一部である。整理整頓を徹底する、職場において「標準・基準」を設けること、それをもとに正常か異常かを判断し、改善を行なう、あらゆるものが「見える」状態になっていることに驚いた。

なによりその背景には、作業を効率化することによって労働者により気持ちよく働いてもらいたいという考え方があるのだ。

より具体的な話をしよう。私がトヨタの本社や工場を見て驚いたのは次の点だ。本社の会議室に行ったら、「この会議、何万円?」というポスターが貼ってあった。どんな役職の人が何人いるかを当てはめると、概算ではあるがその会議にいくらかかっているかがわかる。職場の文房具置き場には、ペン、付箋などの価格が貼ってある。すべてが「見える」かたちになっている。

工場の現場には、各技能員がある作業をどこまで行なうことができるのか、スキルマップが貼られている。その技能員が、いつ有休を取るのかも数カ月先まで明示されている。シフトを組みやすいのもそうだが、誰が有休を使っていないのかも明らかになり、休みを取らなくてはという気分にもなる。

もちろん、すべての作業はマニュアル化され、ドキュメントになっている。これをもとに作業を確認することができるし、その問題点を指摘することにより改善を進めることだってできる。管理監督者は、技能員がそのマニュアルのように仕事を行なっているかをチェックすることができる。上手くいっていない場合は、指導を行なう。技能員の顔色を見て、元気がない人には面談も行なう。

工場の中は、整理整頓が行き届いている。いるものといらないものが明確化され、いらないものはどんどん捨てられる。必要なものは決められた場所に明示され、置かれている。だから、工場が綺麗に見える。人々は効率的に動くことができる。

まだまだ話は尽《つ》きないが、トヨタのモノづくりの現場は管理が行き届いている、理想の職場だった。この手の話をすると「それは製造業の話だろ」と切り捨てる人がいる。しかし、勘の良い人は気づいたと思うが、非製造業でも転用可能なノウハウは多数ある。前出のオージェイティー・ソリューションズも、設立してすぐに中京銀行など、非製造業のクライアントを担当し、設立15年となった今ではノウハウも蓄積されてきた。

私は「働き方改革」の有識者会議にトヨタ自動車関係者がいないことを、常々《つねづね》不思議に思っていた。トヨタ生産方式のノウハウを働き方改革に活かすべきだ。

まず、はかってみる

そのトヨタ生産方式から学んだノウハウが「はかる」というものである。労働時間短縮に取り組む際に、まず状況を把握するために「はかって」みるのだ。

トヨタ自動車で改善を行なう際にはまず「はかる」。作業をビデオで撮影する。どの順番で、どの動作で作業し、何に何秒かかっているかを分析する。これにより3ムダラリ（ムリ、ムラ、ムダ）を明らかにする。そのうえで、改善プランを考える。

現場で頻発停止（ラインがとまること）が起こっていたとしたら、どんな理由で、何回、何秒止まっているのかを明らかにする。このように現状を分析することから始める。

やはりこの手の話をすると「それはモノづくり現場だから」という話になりがち

だ。何度も言うが、それは思考停止である。非製造業においても業務分析は可能である。

リクルート、ソフトバンクで営業部長を歴任し、現在は東京工業大学で特任教授を務める北澤孝太郎《きたざわこうたろう》氏は、『営業部はバカなのか』（新潮新書）などの著作で、20代で若くして営業の管理職になった頃から取り組んでいた、「商談カレント」という手法を紹介している。営業日報などをいちいち書かせると負荷《ふか》がかかる。とはいえ、何か記録がないと業務分析ができない。

そこで彼は、営業担当者がその日、何をしたのかを簡単に記録するツールを開発した。ツールと言っても、簡単なメモである。文章を書く必要がない。訪問社名とそれぞれの企業の訪問内容に関するチェック欄だけだ。訪問社名を書くことで、必然的に行動量がわかる。チェック欄には「初回訪問」「プレゼン」「アイドル訪問（ご機嫌伺い）」「クロージング（成約）」「納品打ち合わせ」「納品後フォロー」という選択肢がある。ただそれだけだ。

北澤氏はこれを集計することにより、各営業担当者の状況を把握し、マネジメントに活かしていた。Aという営業マンは訪問件数が多いが、商談化率が低く、受注金額も少ない、Bという営業マンは訪問件数こそ少ないが商談化率が高いなどが把握できる。業務の負荷を確認できることはもちろん、どうすれば効率が上がるかがわかる。

もともと彼がこの仕組みを導入するキッカケとなったのは、管理職になってから最初の査定会議で、自分の部下の評価を会議出席者に納得してもらうための材料が足りず、歯がゆい思いをしたことだった。

査定会議では、各課の課長が自分の部下に少しでも高い点をつけようとするのだが、部全体での持ち点が決まっており、点の取り合いになる。その際の説得材料がなく、困ったのである。このように行動を定量化して測ると、「彼は○件もの営業訪問を継続的に行なっていた」というふうに具体的な説明が可能になるのである。

このようにいかにも、非定型の仕事をしていそうな営業部門においても、業務効率の測定は可能である。この20年間、ＳＦＡ（セールスフォースオートメーション）と呼ばれる、営業を効率化するためのツールの活用は各企業で行なわれてきた。これらのツールの中には営業活動の状況を測定する機能を実装しているものもある。実態をはかったうえで、対策を打つべきである。

管理部門やSEの場合、業務分析は営業部門よりもさらに簡単である。社内のシステムに、今日は何に何分かけたという記録を行なう取り組みはすでに行なわれている。一部の業務は、自ら入力しなくても把握できるようになっている。このように具体的に業務時間を把握するべきだ。

長時間労働を是正するためにも、「働き方改革」で議論されているテレワーク、副業・兼業などの柔軟な働き方を実現するためにも、まずは労働時間の把握が必要なのである。

自由な働き方、柔軟な働き方は労働時間の「みえる化」ならぬ「みえない化」を誘発する。制度的にも柔軟な働き方が模索されているが、これらは「みえない化」を生む側面があることを忘れてはならない。

長時間労働の是正の大合唱だが、これを適切に行なうためにも労働実態の把握は急務である。現状でも、過労死などが発生した場合に企業がその実態を把握しきれていないことがある。このようなことを避けるためにも、労働時間とその中身について把握することを企業に義務付けることを検討できないか。ICTが発達した時代である。少なくとも、出勤時間、退勤時間だけは偽りなく管理できるはずだ。実態を把握しなければ、対策はできない。

だらだら仕事をしていることを注意されるのではないか、業務の改善を強要されるのではないか、リストラの検討をしているのではないかなど、従業員側の不安もあるだろう。ただ、まずは一度感情を手放して、何にどれくらい時間がかかっているのかを把握するべきである。

第2章で述べたように、日本の労働時間においてはサービス残業が確認され、正確な時間がわからない。まずは、何にどれだけ時間がかかっているのかを把握しなくては、対策にならない。このように、まずははかってみて、労働時間を把握し、現実を直視してからの対策が必要だ。そうでなければ、日本はますます働きづらい国になることだろう。

まう。

サービス残業の誘発を阻止せよ

「働き方改革」や、その中でも「長時間労働是正」に関して私が問題意識を持っているのは、長時間労働の規制を強化するがゆえにサービス残業が誘発されてしまうことである。労働者が「上手くいっているふう」を装うことがいつのまにか強要されてしまう。

たとえば、電通で22時以降の残業が禁止となり、一斉に消灯する様子は何度もメディアで取り上げられた。しかし、その後の電通マンは何をしているのだろうか。２０１６年12月29日付の朝日新聞朝刊は、「今は繁忙期ではないのでそんなに自宅に仕事を持ち帰ってはいないけど、自宅からメールを送ったりはしている。『10時に帰れ』と言われても、仕事が減るわけじゃない」「今の会社の取り組みはある程度評価できるが、仕事を持ち帰る人が周りで増えている。会社はこうした抜け道をなくすことにも取り組んでほしい」という社員の声を紹介している。

労働時間の規制をかけることによって、その時間内で仕事を終わらせることが促されるし、創意工夫も生まれるという効果はある。ただ、仕事の絶対量が減らない中、現場の創意工夫だけでは限界がある。その際に、サービス残業が誘発されてしまうのである。

たとえば、「週刊東洋経済」２０１３年3月9日号の第二特集「ユニクロ　疲弊する職場」は、「ブラック企業」という言葉を手放して、ファーストリテイリングのユニクロ事業の労働問題を丁寧に検証した労作である。

店長の業務負荷、新卒3年以内離職率50％以上の時期があったこと、物言えぬ社風など当時のユニクロの問題点を指摘している。中でも参考になるのは、当時の同社には残業規制があるがゆえに、それがサービス残業を誘発しているという問題である。

同記事によると、同社は当時、社員の月間労働時間を最長２４０時間と定めていた。月80時間程度の残業を前提にした数字である。繁忙期だろうと新店オープンだろうと、この数字が適用される。特集で登場する現役店長のDさんは２０１２年の12月には、1日12時間で23日間勤務し、２７６時間ほど働いたという。打刻は２４０時間で行なった。この労働時間を破った場合は、社内で処分が行なわれるのだという。

なお、同社は文藝春秋が「週刊文春」において、残業問題について批判した記事などに対して提訴したが（ファーストリテイリングの敗訴）、その際、参考に提出した店長の労働時間は240時間で横並びだったという。

240時間以内で業務が終わらない場合、処分を回避するためには、必然的にサービス残業でこなすしかないが、同社では、サービス残業も厳しく禁じられていたという。発覚した場合には、降格、店長資格剝奪《はくだつ》など人事による懲戒処分が行なわれる。

ファーストリテイリングのユニクロ事業はメディアなどでその過重労働体質が批判されていた。同社ならではの特殊な例だと見るかもしれない。あくまでも今から4年前の記事であり、その後、同社は労働環境の改善に取り組むことを宣言し、実際に取り組んできたことを付け加えておこう。

何度も言うが、私は長時間労働を是正するべきだと思うし、時間の規制をかけることも総論では賛成である。ただ、守れないルールを強要されることにより、従業員がサービス残業をせざるをえなくなる改革になることは反対である。現状の議論はそれが誘発されるものになる。

余談になるが、金融機関に勤務していた友人の元上司はなかなか痛快な手を打ったという。他部署で実績をつくってから、その部署の本部長としてやってきた彼は「どうせサービス残業をしているんだろう。それは、やめてくれないか。残業代はいくらでも出すから、正直に申告してほしい」と言ったそうだ。現場の士気は上がり、業績も上がったという。逆に正直に申告してもらった方が、業務改善にも取り組めるというわけである。その上司は、のちに取締役になった。

このように、仕事の絶対量を見直さない限り、一定の改善は進んだとしても、いくら規制をかけてもサービス残業が誘発されてしまうことを直視しなくてはならない。ブラック企業というレッテル貼りを避けようとして、サービス残業をしていては本末転倒である。繰り返しになるが、仕事の絶対量と役割分担を見直すという発想をしなくては、問題は解決されないのだ。

取引先との関係、サービスを見直す

日本の長時間労働の原因は、取引先に振り回されることに起因している。彼らが過剰な要求をしてくるのである。第4章で触れた電通の例などはわかりやすい事例だと言えるだろう。サービスレベルを見直すこと、取引先にどこまで応えるかを再定義するべきだ。

すべての企業に当てはまるわけではないが、私は「予約のとれない寿司屋モデル」「ドレスコードのあるお店モデル」を提唱したい。要するに仕事の絶対量や、客を選ぶモデルである。客にルールを提示するのである。予約のとれない寿司屋は、席数もせいぜい10席で、１日１回転で終了する。１日の人数が決まっているので、それ以上は忙しくはならない。予約を取りづらいがゆえに、顧客の側がその店を利用できることを感謝する。

やや私の趣味に走った話だが、矢沢永吉《やざわえいきち》のライブは客に対する要求が多いことで知られている。かつて、酔っ払った客が他の客に迷惑をかけたり、演奏中にヤジを飛ばすという事件があり、約15年前から飲酒入場を禁止にしている。飲酒運転を取り締まるために、呼気《こき》からアルコールを検出する装置まで導入している。飲酒をした者は半額返金し、帰ってもらう。

主催者側もリスクを負っている。ヤンキーの集会風になり、ファンを狭めてしまわないようにも工夫しており、特攻服や日の丸刺繍《ししゅう》での入場を禁じたり、バラードでの永ちゃんコールを禁止したりもしている。これはアーティストの創りたい世界と、客を守るためである。

たとえば、私の知人が経営する東京都武蔵野市《むさしの》にある佐藤《さとう》創作デザイン事務所ガーベラは出社するのは週4日、金曜日は在宅勤務、10時出社6時半退社をルールとしている。ブラック企業が多いと言われているデザイン事務所においては奇跡のホワイト企業と成りえている。

この企業は「仕事と家庭の両立」を理解してくれる企業とのみ取引する。以前は年間100件の仕事をしてきたが、現在は数社に絞っている。デザイン業界でありがちなムリな要求、曖昧《あいまい》な要求を廃し、コミュニケーションを密にすることで、仕事のやり直しも防ぐようにし、一発OKの仕事を増やしている。仕事の単価も上がった。顧客も紹介で増えていく。

もちろん、これは数名のデザイン事務所だからできることでもあるが、顧客を選ぶ、絞る、仕事の絶対量を減らす、仕事の受注ルールを明確にするというのも、一つの選択肢なのだ。

いかに働かせないかという発想を

長時間労働を是正するために、現在、注目を集めているのが「インターバル規制」である。これは「労働の終了から次の労働の開始まで、一定時間の休息付与を義務づける規則」のことである。十分な睡眠時間と生活時間を考慮して「休息時間（勤務間インターバル）」を24時間につき○時間と定義するのである。

これはＥＵにおいては１９９０年代前半から制度化されている。ＥＵ指令では、労働者の健康確保の観点から、24時間につき連続11時間の「休息時間」の保障が求められている。もっとも病院、電気・ガス・水の供給など、サービス・生産の連続性を保つ必要のある業務等については、労使協定等により、代償休息や適切な保護を与えることで、適用除外や休息期間の短縮等が可能ということになっている。

日本においては、自動車運転者について、改善基準告示により、原則として継続８時間の休息時間を設けることとなっているが、他の職種においては法的なルールは存在しない。

働くことと健康管理を両立させやすいし、運用がわかりやすいこともあり、導入が進んでいる。連合の「時短レシピ〜労働時間短縮に向けた取り組み事例集〜」に紹介された事例をいくつか紹介しよう。

情報労連加盟労組のKDDI労組が実現した事例などは、先行事例としてメディアなどでもよく取り上げられるものである。就業規則に「インターバル8時間以上」を制度化する他、安全衛生規程に健康管理上の指標として「11時間」を設定している。就業規則は組合員のみ（非管理職）、安全衛生規程は管理職含むすべての社員に適用される。

日本電気労働組合は「勤務間インターバル制度」を導入している。深夜残業者の健康確保の観点から、終業時間が23時30分以降となることが見込まれる場合に、終業時刻に応じて翌日の始業時間を繰り下げることができる制度を運用している。

2017年1月12日には、日本経済新聞の朝刊1面トップにインターバル規制がニュースとして取り上げられた。そこではユニ・チャーム、いなげや、三井住友信託銀行などの取り組みが紹介されている。

ユニ・チャームは２０１７年から社員約１５００人に対して、８時間以上休息するよう義務づけた。同時に22時以降の残業禁止も導入した。スーパーのいなげやはパートも含め約１万人に10～12時間の休息を確保する仕組みを導入する。三井住友信託銀行も９時間のインターバル規制を導入している。

もっとも、翌日の出勤が遅くなることで残業が誘発されるなどの批判もある。さらには、何時間のインターバルが適切なのかという議論もある。仕事の絶対量の見直しと、深夜残業の抑制などとセットで行なうのがベターだが、新しい取り組みとして注目したい。

労働時間を減らすために、私が工夫していること

最後に個人レベルで取り組めることについて考えよう。第３章同様、ここは実体験をもとにした、自分語りをさせていただく。

第３章で書いたように、私と労働時間の関係は、迷走《めいそう》を経《へ》て、現在にいたる。世の中の時間術への関心は高まっており、関連する著書は多数出版されているし、ビジネス雑誌でもよく特集されている。その手のものを読むたびに私は絶句する。「ここまでしなくてはならないのか」と。私はそのような本を書けるほど、時間の管理が上手なわけではない。

とはいえ、世間ではたくさんの仕事をこなす時間管理の上手い人、時間の使い方が上手い人、気持ちよく生きている人と思われているようだ。過去に時間術の本を書いたこともあるし、講演依頼がきたこともある。ふと気づいたのは、私の時間術はビジネス書や、ビジネス誌で取り上げられるような、いかにもデキる人が力を入れて取り組むような時間術ではなく、実にゆるいものである。無理せず続けることができる。

もう20年もビジネスパーソンをやっていること、大学教員、執筆、評論活動など特殊な仕事をしていることもあり、やや特殊性はあるが、根本的な部分は変わらないと思う。残業に残業を重ねたうえで、辿《たど》り着いたすり減らない働き方がこれだ。

1．1週間のうち、働く時間を決める

時間は有限である。金持ちだろうと、貧しかろうと1日は24時間だし、1年は365日しかない。ただ、このことを意識している人はいない。だから、ついつい残業をしてしまう。自分は○時間しか持っていないということを強く認識するべきだ。小中学生の頃、お小遣《こづか》いを管理したように。

私は1日8時間以上働かないこと、最低6時間寝ることをルールにしている。もっとも、労働時間に関してはやむをえず働かざるをえない日が存在するので、1週間の平日の平均労働時間が40時間を超えないようにやりくりしている。

現在、労働時間の規制が議論されているし、退社時間を厳守させる企業も現われている。渦中《かちゅう》の電通も、22時に強制退社のルールが導入されている。これを個人レベルの働き方に落としてみたわけだ。

私が8時間労働にこだわるのは、これ以上働くと疲れがたまるからである。一時、鬱《うつ》で休職していたが、復帰の際は時間限定勤務だった。その制約のもとで働くには、時間内で仕事を片付けなくてはならないのは言うまでもない。もっとも、大きな理由

は一度倒れて、もう長時間働くのは自分には無理だということに気づいたからである。頑張りすぎると疲れるのだ。

いつもクルマ移動にしていることも、理由の一つである。気分転換のため、快適に過ごすため、ラジオのポッドキャストを聞き情報収集をするために、私は平日の移動はクルマにしている。大学教員ということもあり、常に本や資料を持ち歩くので、クルマは便利なのだ。酒を飲むのを避ける意味もある。

地上波のレギュラー番組などを持っているわけではないので、街を歩いていて面がわれているということもない。ただ、自分の大学においては、学生には知られているので、電車などで移動する様子を見られたくないというのもある。飲酒を伴う会食がある際はクルマをいったん家か大学に置いて出かけることにしている。クルマ移動を前提とすると、そのための健康管理が必要だ。働きすぎでは運転が辛くなる。睡眠時間も確保しなくてはならない。

1日に8時間、または平日の5日で40時間しか働くことができないとなると、時間管理も上手くなってくる。優先順位をつけることができる。仕事を断る基準にもなる。

もっとも、この時間に制限をかけるやり方は、誰でもできるわけではない。創意工夫ができない人にとっては苦しいだろう。仕事の絶対量を減らす工夫をしなければ、サービス残業を誘発することになる。私は仕事の絶対量を減らすこととセットでやっているから上手くいっているのである。

長時間労働の是正のために、国や企業が残業時間の上限を設けようとしている。賛成か反対かと訊かれれば賛成だが、単なる労働強化にならないよう、この仕事の絶対量の見直しとセットでなければ意味がないのだ。

とはいえ、この働く時間を決めるという方法は、仕事の優先順位付けと、絶対量の管理、効率化とセットで考えると有効である。時間が有限であることをまず認識しよう。

2. 一つの仕事にかける時間を決める

私は、ある業務に必要な時間を割り出し、明確に定義している。さらに言うと、基本、それ以上の時間はかけないことにしている。

たとえば、原稿をA4で1枚分（約1000字程度）書く時間は30分、学内の会議で使うA4で2枚程度の資料なら60分、90分の講演のための資料（パワーポイントで約20枚）を作るのは2時間というふうに決める。これは、読書の時間にも導入している。やわらかめの新書は2時間、かための新書で5時間、ビジネス雑誌は読みたい部分を中心に1時間というようにである。逆に学術書、論文などは時間をかけて読む。

もちろん、その日のコンディションや、難易度によっても変わる。とはいえ、「この仕事は普通○分で終わる」というふうに自分の中で決めておけば、遅れているのか、快調なのかもよくわかる。仕事のスケジュールも組みやすい。

1．の1日、1週間の働く上限ルールと同様に、これにこだわっていると、徐々に仕事をこなすのが速くなっていく。いかにその時間内で終わらせるかを考えると、創意工夫も生まれる。

なお、時間をかけた方が良いものができるのではないかという意見が出る。「良いものをつくる」ということはまったく否定しない。ただ、「時間をかけると必ず良いものができる」というのは違う。時間のかけ方の中身によるのである。むしろ、ある案件に○時間しかかけないというやり方で、その段階での完成品をつくっていった方が、あとあとブラッシュアップしやすく、完成度は上がるのである。

このように仕事にかける時間を決め、その時間内でやりきるようにすると仕事の効率は上がるのである。一度、何にどれだけかかっているかを測定し、自分の標準時間を定義してみよう。

3．時間が美しく流れるようにする

あなたのスケジュール表は時間が美しく流れているだろうか。実は私は、スケジュール表の美しさにこだわっている。手帳のデザインのことではない。スケジュールの並び方、時間の流れ方だ。

何が言いたいかというと、その日の予定が、どんな内容のもので、どのような順番で、どこで流れるかのデザインについてである。この流れが美しいと、無駄な時間を減らすことができるのだ。

私は特に、移動時間を減らすことにこだわっている。電車やタクシーで確実に座ることができ、眠ることができるのならまだいい。しかし、それが約束されていない状態の場合は単に疲れるだけだ。今はスマートフォンがあるので移動中に仕事ができなくはない。ただ、その移動時間まで仕事に費やすのは得策ではない。せいぜい情報収集と簡単なメールの返信くらいにするべきだ。

移動時間を減らすために、できるだけ同じ場所にアポを集中させる。大学教員の仕事をしているので、最近は大学、なかでも研究室にいることが多い。そうではない日も、可能なかぎり自分の住んでいる沿線や、通っているジムなどがある沿線でアポがすむように調整する。まったく関係ない場所に行く際も移動時間が減るように集中させている。できるだけ一つの沿線か、エリアで1日が完結するようにしている。

アポの順番もポイントだ。原稿を書いたり、書籍を読んだりするのは、眠気との闘いになってくる。取材対応も疲れてくると機嫌が悪いのが顔に出やすいので、タイミングが重要だ。これらの仕事はできるだけ午前中に入れるようにしている。逆に会議や講義・講演はその場に出てしまえばスイッチが入るので、執筆などが続いた後でもかまわない。外でのアポも、移動時間に昼寝ができることを意識して予定を並べている。

このように、「時間の流れ方」というものを意識すれば、効率を上げることができる。時間が美しく流れているかを意識してみよう。

4. 仕事の命中率を上げる

長時間労働の原因の一つは、仕事の命中率にあると私はみている。この命中率を上げることによって労働時間を減らすことができるのである。

たとえば、徹夜で作った企画書がボツになった時、せっかく営業訪問したのに商談にならなかった場合などである。これで今までの努力が水泡に帰してしまう。

もちろん、物事は中長期で見なくてはならない。失敗することで経験値が貯《た》まるということもある。商談も中長期で実る可能性はある。別に1枚の企画書や、1回の商談で仕事の成否が決まってしまうわけではないし、大幅なロスにはならないとも言える。

とはいえ、仕事の命中率は上げるべきである。労働時間を減らすだけでなく、個人のストレスを軽減することにもつながる。仕事の命中率が高いと社内外の人が自分を見る目だって変化する。すると、仕事をますますやりやすくなる。

仕事の命中率を上げるために、大事にしているのは、雑でもいいから、速く試作版を共有することだ。Ｗｅｂ業界風に言うと、β版とも言う。簡単な構想を口頭でプレゼンしたり、メモをメールで共有し、反応を見る。すると、相手の反応がわかるので、方向性が見える。相手が何を期待しているのか、絶対にはずしてはいけない部分、やってはいけないことがわかる。

これは、参考にならない前提で述べるが、私が仕事の命中率を上げるために工夫しているポイントは、仕事は取りに行かないということである。私には常に書きたい書籍の企画がある。

たとえば、今、最も書きたいのはプロレタリア文学だ。まさにこの本で描いている長時間労働の問題などは、論理的に書くだけでは見えてこないものがある。日本の職場で起こる、人間関係のトラブルも含め、ドロドロした問題を描かなくては長時間労働の本質が見えないものである。

もっとも、私は小説に関してはプロではない。だから、出版社をいくら回っても無理だろう。親しい編集者は話を聞いてくれるかもしれない。ただ、それもまたやってはいけないことだ。彼にとってのメリットが何もないからだ。自分自身のブランドを下げることにもなる。

私は依頼がある仕事を、ほぼ断らずに受けることにしている。つまり、待ちの姿勢だ。仕事を取りに行くための手間を省くことができていい。中には私の専門領域や能力をやや超えているかと思う依頼もくるのだが、それはそれで相手は「あなたならできる」と判断しているということだ。打ち合わせのプロセスの中で、自分のやりたい方向に上手く調整していくようにしている。

このように、仕事の命中率を上げるということは、時間の短縮にもつながるのだ。仕事のストレスもなくなる。良いことづくめなのだ。

5. 時間のへそくりをつくる

「へそくり」という言葉を知らない若い読者の方もいることだろう。簡単に言うと、配偶者などに内緒にしている、自由に使えるお金のことである。時間についても「へそくり」を用意しておくことで、余裕を持つことができる。

私は、必ず予定表の中に予定を入れない空白を設けている。他の人にはその時間が空《あ》いていることは内緒にしておく。この空き時間は、「Google Calendar」を共有している妻しか見ることができない。アポの調整の際にも、最初はこの時間が空いていることは内緒にしておく。

何か仕事が遅れた場合や、やむをえない時だけ、この時間のへそくりを使う。これにより、時間に余裕を持つことができるし、何かあった時にも柔軟に対応することができる。もし、何の予定も入らなかった場合は、読書か、休む時間にする。

このように時間の「へそくり」によって余裕を持つことができる。人生を豊かに過ごすことができるのだ。

6．楽しいアポから先に入れる

あなたはスケジュールを見て、ワクワクするだろうか。それとも、嫌な気分になるだろうか。私はどちらかというと、ワクワクする方だ。というのも、ワクワクするアポを中心に、スケジュールを埋めていくからである。

私は、まず自分にとって楽しいアポから優先してスケジュールに入れる。具体的には、ジムやマッサージに行く時間、会いたい人に会う時間、家族と過ごす時間、ライブやプロレス観戦など趣味のための時間だ。こちらを最優先し、仕事は空いている時間でこなすようにする。

これを、1．で紹介した労働時間の制限と合わせて行なうと、効果てきめんである。なんせ、仕事をする時間がどんどん少なくなっていくのだ。その中で仕事をやりきろうとすると、どんどん効率化されていくのである。

スケジュールを見て、ワクワクするかどうか。これを最優先にする。楽しい時間の割合が増えると、「しょうがない、仕事でもするか……」という気分になるのである。

7．朝の時間を活用する

私は早起きだ。以前は毎朝5時に起きていた。今も6時には起きる。この、誰にも邪魔されない時間を確保し、活用することで、全体の労働時間も減らすことができるのである。

朝は効率的だ。頭もすっきりしているし、電話や、チャットなどで仕事を中断されることもない。朝の早い時間はSNSに投稿する人も少なく、気が散ることもない。この時間に集中して仕事をすることで効率を上げることができる。

特にこの時間にやるべきは、限られた時間の中ですべてのメールに返信をすること、さらには仕事関連の依頼やアポ調整のメールを送信しておくことだ。朝早くにメールを送ると、出勤時に処理してもらえる可能性が高い。午前中の早い段階で今後の予定が見える。進行中の仕事に関して決着をつけることも可能である。また、朝早くにメールを送ると「早起きでがんばっている人」「規則正しく生活している人」だと認識されるのもメリットではある。

そのほか、私は、この時間にスケジュールを確認すること、ニュースなどをチェックすること、ブログを更新するとともに連載などの原稿を1本仕上げること、風呂で新書レベルの本を半分から一冊程度読むこと、料理をして自分の朝食と、家族の食事の準備をすることを習慣化している。

朝時間は良いことだらけだ。朝が苦手な人がいるかと思うが、習慣化にチャレンジしていただきたい。

8. 自分だけで抱え込まない

「これは私がするべき仕事なのか」と思った瞬間はないだろうか。この直感、素朴《そぼく》な疑問はほとんど正しい。そう、これは自分がやらなくてもいいのではないかという視点こそ持つべきなのだ。

真面目な人ほど、なんでも自分で抱え込んでしまいがちだ。ただ、自分がやることがベストとは限らない。若手や派遣スタッフなどに任せることができないか、外部のサービスを活用できないかということを考える。自分は、自分にしかできないことに集中する。

全部を他人に振らなくてもいい。一部だけでも他人とシェアできないかなどを考えてみる。場合によっては、その仕事や作業を断ることも視野に入れていい。少なくとも量や難易度を軽減できないか、納期を変えられないか相談してみるのも手である。

このように仕事は自分だけで抱え込まないようにしたい。断ること、仕事の中身を変更してもらうことも視野に入れつつ相談するのである。

9．お金で時間を買うという手もある

「時は金なり」ということわざがある。それくらい時間は大事であることを物語っている。では、時間は買うことができないのか。時間を売っている場を目撃したことはない。ただ、直接買うことができなくても、お金によって自分が使う時間を短縮することはできる。

私は時間の問題で困ったら、お金で解決することにしている。具体的に言うと、時間を短縮するための投資をすること、作業の一部についてお金を使って効率化すること、移動時間の短縮化をはかるためにお金を使う、などの取り組みをしている。

あなたは良い仕事道具を使っているだろうか。そう、ＰＣやスマホにしろ、文房具にしろ、これは仕事道具なのだ。快適に使えるものを揃《そろ》えるべきだ。私はＰＣやスマホは可能な限り、新しい機種を使うようにしている。ストレスを感じないようにするためである。衣類に関しても、オシャレへのこだわりもさることながら、着ていて作業効率を悪化させないものを選んでいる。原稿を書く、資料を作成する、人前で話すといった業務に悪影響を与えない着心地のものしか着ない。

インタビューの文字起こしなどは自分でやらずに、アルバイトを頼むことにしている。データの入力などもそうだ。キャリアの初期段階では、経験を積むためにも自分でやるべきだが、慣れてきたらこれはお金で解決した方が早い。

都内の移動などに関しても、タクシーを有効活用する。その方が速い場合もあるからだ。移動時間に寝ることで体力の回復もできる。体力の回復という意味では、新幹線や飛行機も可能な限り、グリーン車や、クラスＪ（ＪＡＬ）など高いシートを使うようにしている。

このように、時間は直接買うことはできないが、時間に関わるストレスをお金で解決することはできる。贅沢《ぜいたく》かもしれないが、良い仕事をして稼げば回収することができるのだ。

10. 自分のキャラを理解してもらう

なぜあなたは理不尽な仕事の頼まれ方をされるのか。それは自分のキャラが理解されていないからだ。キャラを理解してもらい、愛されれば、仕事は気持ちよく進めることができ、労働時間の短縮につながることだってある。

私は、仕事で関わる人には自分のキャラを理解してもらおうとしている（別に不特定多数の人に、理解されようとは思っていないのだが）。キャラを理解してもらうと楽だ。得意不得意、好き嫌いなどを把握《はあく》してもらえるので、相手が気をつかってくれるからである。

だんだん、自分にとって気持ちいい仕事しか来なくなる。ますます仕事は楽しくなるし、合わない仕事で苦労して時間を浪費することがなくなるのだ。「この仕事は、この人に頼んでもムダ……」ということを理解してもらうのもポイントだ。

そのために、自分はこういう人だということを理解してもらうことを心がけている。キャラ立ちとも言う。

長時間労働で苦しまないためには、自分のキャラを理解してもらうべきだ。「この仕事ならこの人」「この仕事はこの人に頼んでもしょうがない」ということをはっきり理解してもらうと、快適にできる仕事しか来なくなる。これもまた大事な一工夫だ。

以上、10の取り組み事項を紹介した。「それは常見さんだからでしょ」と言われそうなものも多々あるが、背景にある考え方にこそ注目していただきたい。ちゃんと事実を把握して、具体的な手を打つこと、美しくストレスなく進むことこそ意識してもらいたいのだ。

国家の政策、企業の施策から個人の処世術まで考えてきたが、いかがだろうか。改善ではなく、改革をと言いつつ、私も改善レベルの話をしているように思う。わが国の労働は、常に根本的・普遍的矛盾を孕《はら》んでいるのだ。

「働き方改革」は所詮、「働かせ方改革」である。もちろん、労働とはそういう要素があるものではある。だからこそ「いかに働かないか（働かせないか）」「いかに一生懸命働かないことを許容するか」という発想がないかぎりは、画餅《がべい》に帰してしまうのである。そして、改革を装った改善、いや、改悪が行なわれないように、われわれは権力を監視するべきなのだ。

働くとは、生きるためでもあり、喜びのためでもある。個人のため、組織のため、社会のための行為だ。単なる働かせ方、搾取の論理とならないように、「一億総安心労働社会」をめざして、地に足のついた議論が必要なのだ。

まあ、要するにこういうことだ。「残業しろ」も困るが、「残業するな」と言われても困るのだ。「働き方改革」などと言いつつ、根本的な改革に着手せず、矛盾の糊塗《こと》、魂の腐敗、道義の頽廃《たいはい》に終始する欺瞞《ぎまん》に満ちた会社と社会、それを扇動するあらゆる立場の偽善者たちには、もううんざりなんだ。

おわりに

あしたのジョーの労働時間は決まっている。3分×15ラウンドだ。しかし、真っ白に燃え尽きた。リングに上がる前には、血の滲《にじ》むようなトレーニングを積み重ねている。ボクサーと会社員は違う。ましてや、フィクションだ。しかも、昭和の物語だ。とはいえ、たとえ労働時間が決まっていても、人は真っ白に燃え尽きる可能性がある。その前後にも仕事が発生する。このような問題で苦しんでいるという点は、通底している。

私も若い頃は錆びつくよりも燃え尽きたいと思っていたものだが、人生は仕事だけではない。「人生は、夢だらけ。」という広告があったが、本当にそうしたいものだ。なかなかそうならないので、あの言葉が響いてしまうのだけれども。

そもそも論で言うならば、「働き方改革」という言葉に、私はもっとワクワクしたかったのだ。しかし、この言葉をある者は利用し、ある者はこの言葉に踊らされ、気づけばその根深さに気づき、みんな疲れてしまったのだ。両手を挙げて大歓迎できないのはなぜだろう。読者の皆さんも胸に手を当てて考えて欲しい。

労働をめぐる問題は、常識と感情を手放して考えなければならない。そうでなければ、問題の本質が見えてこないし、納得感のある解決策を提案することだってできない。しかし、この問題をめぐる議論はついつい感情的なものになってしまう。労使の対立という話だけではない。自らの実体験、ルサンチマン、理想と現実のギャップなどが絡《から》んでしまいがちだからだ。

この本も、常識と感情を上手く手放したものにはなり得なかった。その点においては失敗作だ。ただ、ちゃぶ台をひっくり返すようだがそれでよかったのではないか。「働き方改革」「長時間労働是正」という問題自体が、ついつい感情で語られがちだ。この議論に一石を投じるためには、とことん冷徹な事実を発見し、論理を組み立てたうえで、烈々《れつれつ》たるパトスを漲《みなぎ》らせ、檄《げき》を叩きつけなくては、社会は動かない。「働き方改革は所詮、働かせ方改革だ」「その美名のもと、労働者がますます搾取される社会の実現を断固として阻止しなくてはならない」という旗幟《きし》も鮮明に、たたかう決意を打ち固めたのである。

働き方が国を挙げた議論になるということは画期的なことである。「働き方を変えよう、見直そう」と言われれば、総論では誰も反対はしない。ただ、その結果として労働者がますます搾取され、抑圧され、政治家の圧政に敗北する社会、資本家に屈服する社会の実現を、断じて許してはならない。

特に長時間労働の是正については、規制強化には賛成ではあるものの、慎重に議論し、段階的に進めなくてはますますサービス残業が誘発されてしまうという問題に、何度でも警鐘を鳴らしたい。問題の本質的な解決のためには、仕事の絶対量、任せ方に踏み込まなくてはならない。単なる改善を改革と呼んではいけない。先人たちの議論と試行錯誤の積み重ねに対しても敬意を払い、検討を進めなくてはならない。

「日本は労働生産性が低い」という言いっぱなしも看過することはできない。企業や労働者に対策が丸投げされ、悪者扱いされる状態を許してはならないのである。問題を孕んだ事例が成功事例として紹介されている状態も看過してはならない。

豊かな国とは何か、それをどう実現するのかというビジョンが必要である。働き方改革は万能の杖《つえ》でもない。気づけば、息苦しく、働きづらい社会を皆で作り上げてしまっていたということにならないか。

それにしても、書いていて辛い本だった。長時間労働に関しては、先行研究、関連書籍が多数ある中、私が言うべきことは何なのかという問いと向き合い続ける日々だった。

執筆中に電通過労自死問題が明るみに出て、メディアから何度もコメントを求められた。その過程で、私も精神的に辛くなり、久々に鬱気味になったうえ、円形脱毛症を発症してしまった。しかし、この本はなんとしてでも世に出したかったし、この本も世に問われることを望んでいたように思う。会社員から大学教員になった自分でしか書けない本だったと思う。

この本の執筆依頼をいただいたのは、私が千葉商科大学国際教養学部の専任教員に就任した2015年の4月だった。途中、休筆期間をいただいたこともあり、2年も待たせてしまった。よく、著名な先生が書く本のあとがきに「遅い原稿を待ってくれた」という表現があるが、偉くもなんともない私がそんなことをしてしまうとは。辛抱強く私の遅い原稿を待ち続けていただき、伴走していただいた祥伝社の磯本美穂さんに感謝したい。彼女自身、出産・育児を経験したうえで、この国で働くことに対する問題意識が高まっていることを感じた。その想いに真剣に向き合ったつもりである。

リクルートに1997年に同期入社した、育児・教育ジャーナリストのおおたとしまささんとはいつも、リアルの場でも、Facebookメッセンジャーでも問題意識を共有し、議論を積み重ねてきた。彼と議論する日々があったからこそ、この本は世に出たと言えるだろう。

おおたさんとともに、2016年12月にトークイベントで語り合った社会学者田中《たなか》俊之《としゆき》先生、ライター河崎《かわさき》環《たまき》さんからは、その場と、著作物を通じてたくさんのヒントをいただいた。ここに感謝したい。

サポートしてくれた西村みなみさんに感謝。彼女は大学院時代の同期でもある。彼女の指摘は、私のやる気を増幅させるものだった。

ここでいつもなら、支えてくれる妻への感謝が入るのだが、今回は嬉しい知らせがある。執筆中に私たちは新しい命を授《さず》かり、2017年の7月に待望の第一子が誕生することとなった。

あれは7年前だろうか。書籍の中で、女性×労働に関する章を入れた際に、妻の言葉「あなたの今の働き方では、私は産めない」を紹介した。当時、私は文字通り死ぬほど働いていた。その後、会社員を辞め、大学院に入り直すなどした。転がる石のように生きてきた。あいかわらず忙しかった。

大学の教員となり、これまでに比べ生活は安定し、柔軟に働くことができるようになった。兼業主夫となり、料理などの家事は私がするようになった。それでも子供を授かるのは長い道のりだった。何年もかかった。互いに支え合いつつ生きている。今日も、妻の無事を信じて、職場に送り出した後、原稿を書いている。

昨年は妻の父親の介護が始まった。私の母も定年退職し、歴史学者として一人で勉強三昧《ざんまい》という老後が始まった。そんなプライベートの変化もあり、自分自身も人生を考えた。この本の執筆期間の間にも私の人生は変化した。

別に美談を語るつもりはない。人間としてただ生きているだけだ。やりくりをしているだけだ。仕事と家庭の両立、妊活や介護との両立などを経て、この本は生まれた。子供が生まれた後も、私は「イクメン」などという軽薄な言葉を使うつもりはない。人間が生きるというのは、凄《すさ》まじいことなのだ。

母と、脳腫瘍で亡くなった父は、遠からず父が死ぬということを知りつつ、ひとり親家庭になる可能性が極めて高いということを知りつつ、私と弟を残した。父と母は二人とも死に物狂いで働いた。その姿を見て、生きるということ、働くということの凄まじさを知った。

気づけば、大学を卒業し、社会人になってから20年も経っている。20年も働いているということだ。楽しむことをサボらずに生きているのだが、まだまだ仕事を楽しみ尽くせていないような気がする。いや、人生は仕事だけではないという境地に達したのが、最近の変化か。転職などを繰り返し、転がる石のように生きており、何かを極めるわけでもなく、気づけば中途半端を極めているようにも思うが、仕事はやめる理由がないから続けている。飽きずに楽しんでいるということなのだろう。

「働き方改革」なる言葉に期待しすぎてはいけない。世界も日本も先行きは不透明だ。人間が生きる、働くというのは常に個別の難問を乗り越えていくということである。生きるとは、常に修羅場、土壇場、正念場の繰り返しだ。一生懸命頑張っても報われないかもしれない。

だから、私は、著者デビュー10周年というこの年に、この本を叩きつける。1冊まるごとかけて、「働き方改革」を建設的に批判した。この10年でまったく変わっていないようで、世の中をなんとかしようという想いが湧いてきたのは、成長したということだろうか。

それでも、私は生きる。働く。労働者が政治家や経営者に騙《だま》され、搾取されることのない社会をめざして。絶望の星の上にもきっと夢や希望はあると信じて。私は水平線を目指す。水平線はいつまで進んでも水平線だ。それでも私は進む。また会おう。

２０１７年　春　書斎にて

ジョージ・ハリスンの『All Things Must Pass』を聴きながら

常見陽平《つねみようへい》

〈参考文献一覧〉

文献

阿部真大（２０１１）『居場所の社会学』日本経済新聞出版社
安藤至大（２０１５）『これだけは知っておきたい働き方の教科書』筑摩書房
植田正也（２００６）『電通「鬼十則」』ＰＨＰ研究所
海老原嗣生・荻野進介（２０１１）『日本人はどのように仕事をしてきたか』中央公論新社
海老原嗣生（２０１２）『雇用の常識「本当に見えるウソ」決着版』筑摩書房
海老原嗣生（２０１４）『いっしょうけんめい「働かない」社会をつくる』ＰＨＰ研究所
海老原嗣生（２０１６）『お祈りメール来た、日本死ね』文藝春秋
大内伸哉・川口大司（２０１２）『法と経済で読みとく雇用の世界』有斐閣
大久保幸夫編著・リクルートワークス研究所協力（２００６）『正社員時代の終焉』日経ＢＰ社

小倉一哉（２０１１）『過働社会ニッポン』日本経済新聞出版社
川人博（２０１４）『過労自殺　第二版』岩波書店
菅野和夫（２０１６）『労働法　第十一版』弘文堂
北澤孝太郎（２０１４）『営業部はバカなのか』新潮社
熊沢誠（２００７）『格差社会ニッポンで働くということ』岩波書店
経済産業省・監修（２０１３）『ホワイト企業』文藝春秋
今野晴貴（２０１２）『ブラック企業』文藝春秋
今野晴貴（２０１５）『ブラック企業２』文藝春秋
小池和男（２０１５）『なぜ日本企業は強みを捨てるのか』日本経済新聞出版社
柴田明彦（２０１１）『ビジネスで活かす電通「鬼十則」』朝日新聞出版社
柴田明彦著・能田茂作画（２０１３）『漫画・電通鬼十則』ＫＡＤＯＫＡＷＡ
高橋陽子（２００５）「ホワイトカラー『サービス残業』の経済学的背景――労働時間・報酬に関する暗黙の契約」『日本労働研究雑誌』No.５３６（２００５年２・３月号）
中馬宏之・樋口美雄（１９９７）『労働経済学』岩波書店

〈参考文献一覧〉

筒井淳也（2015）『仕事と家族』中央公論新社
筒井淳也（2016）『結婚と家族のこれから』光文社
常見陽平（2013）『自由な働き方をつくる』日本実業出版社
常見陽平（2013）『「すり減らない」働き方』青春出版社
常見陽平（2014）『リクルートという幻想』中央公論新社
東洋経済新報社（2013）『週刊東洋経済　2013年3月9日号』東洋経済新報社
日本経済新聞社・編（2016）『働きかたNext　選ぶのはあなた』日本経済新聞出版社
野村正實（2007）『日本的雇用慣行』ミネルヴァ書房
中川淳一郎（2014）『夢、死ね！』星海社
中澤誠（2015）『ルポ過労社会』筑摩書房
濱口桂一郎（2009）『新しい労働社会』岩波書店
濱口桂一郎（2011）『日本の雇用と労働法』日本経済新聞出版社
濱口桂一郎（2013）『若者と労働』中央公論新社

濱口桂一郎（２０１５）『働く女子の運命』文藝春秋
水無田気流（２００９）『無頼化する女たち』洋泉社
森岡孝二（２０１３）『過労死は何を告発しているか』岩波書店
森岡孝二（２０１５）『雇用身分社会』岩波書店
守島基博・大内伸哉（２０１３）『人事と法の対話』有斐閣
山本勲・黒田祥子（２０１４）『労働時間の経済分析』日本経済新聞出版社
渡部あさみ（２０１６）『時間を取り戻す』旬報社
デヴィッド・マースデン著　宮本光晴・久保克行訳（２００７）『雇用システムの理論』ＮＴＴ出版

資料

厚生労働省『平成28年版過労死等防止対策白書』
厚生労働省「毎月勤労統計調査」
総務省「労働力調査」

独立行政法人労働政策研究・研修機構・編（２００７）『経営環境の変化の下での人事戦略と勤労者生活に関する実態調査』独立行政法人労働政策研究・研修機構
独立行政法人労働政策研究・研修機構・編（２０１６）『データブック国際労働比較２０１６』独立行政法人労働政策研究・研修機構
リクルートワークス研究所（２０１５）「Ｗｏｒｋｓ人材マネジメント調査２０１５」リクルートホールディングス
連合総研（２０１６）第32回「勤労者の仕事と暮らしについてのアンケート調査」

ＨＰなど
官邸ＨＰ「働き方改革の実現」
http://www.kantei.go.jp/jp/headline/ichiokusoukatsuyaku/hatarakikata.html
官邸ＨＰ「一億総活躍社会の実現」

〈参考文献一覧〉

http://www.kantei.go.jp/jp/headline/ichiokusoukatsuyaku/

電通ＨＰ

http://www.dentsu.co.jp/

切りとり線

★読者のみなさまにお願い

この本をお読みになって、どんな感想をお持ちでしょうか。祥伝社のホームページから書評をお送りいただけたら、ありがたく存じます。今後の企画の参考にさせていただきます。また、次ページの原稿用紙を切り取り、左記まで郵送していただいても結構です。

お寄せいただいた書評は、ご了解のうえ新聞・雑誌などを通じて紹介させていただくこともあります。採用の場合は、特製図書カードを差しあげます。

なお、ご記入いただいたお名前、ご住所、ご連絡先等は、書評紹介の事前了解、謝礼のお届け以外の目的で利用することはありません。また、それらの情報を6カ月を越えて保管することもありません。

〒101-8701（お手紙は郵便番号だけで届きます）
祥伝社新書編集部
電話03（3265）2310
祥伝社ホームページ　http://www.shodensha.co.jp/bookreview/

★本書の購買動機（新聞名か雑誌名、あるいは○をつけてください）

＿＿＿＿新聞の広告を見て	＿＿＿＿誌の広告を見て	＿＿＿＿新聞の書評を見て	＿＿＿＿誌の書評を見て	書店で見かけて	知人のすすめで

★100字書評……なぜ、残業はなくならないのか

名前

住所

年齢

職業

常見陽平　つねみ・ようへい

働き方評論家、千葉商科大学国際教養学部専任講師。1974年生まれ、北海道札幌市出身。一橋大学商学部卒業、同大学院社会学研究科修士課程修了。リクルート、バンダイ、クオリティ・オブ・ライフ、フリーランス活動を経て2015年4月より現職。
専攻は労働社会学。働き方をテーマに執筆、講演を行なう。著書に、『僕たちはガンダムのジムである』(日経ビジネス人文庫)、『「就活」と日本社会』(NHKブックス)、『「意識高い系」という病』(ベスト新書)、など多数。

なぜ、残業《ざんぎょう》はなくならないのか

常見陽平《つねみようへい》

2017年4月10日　初版第1刷発行

発行者……………辻 浩明
発行所……………祥伝社《しょうでんしゃ》
〒101-8701　東京都千代田区神田神保町3-3
電話　03(3265)2081(販売部)
電話　03(3265)2310(編集部)
電話　03(3265)3622(業務部)
ホームページ　http://www.shodensha.co.jp/

装丁者……………盛川和洋
印刷所……………萩原印刷
製本所……………ナショナル製本

Printed in Japan　ISBN978-4-396-11500-5　C0236

〈祥伝社新書〉
経済を知る

203
ヒトラーとケインズ　いかに大恐慌を克服するか
ヒトラーはケインズ理論を実行し、経済を復興させた。そのメカニズムを検証する
武田知弘

343
なぜ、バブルは繰《く》り返されるか？
バブル形成と崩壊のメカニズムを経済予測の専門家がわかりやすく解説
久留米大学教授
塚崎公義

394
ロボット革命　なぜグーグルとアマゾンが投資するのか
人間の仕事はロボットに奪われるのか？　現場から見える未来の姿
大阪工業大学教授
本田幸夫

477
民泊ビジネス
インバウンド激増によりブームとなった民泊は、日本経済の救世主か？
不動産コンサルタント
牧野知弘

478
新富裕層の研究　日本経済を変える新たな仕組み
新富裕層はどのようにして生まれ、富《とみ》のルールはどう変わったのか？
経済評論家
加谷《かや》珪《けい》一《いち》

〈祥伝社新書〉
話題のベストセラー!

412
逆転のメソッド
箱根駅伝も
ビジネスも一緒です
箱根駅伝連覇! ビジネスでの営業手法を応用したその指導法を紹介
青山学院大陸上競技部監督
原 晋

491
勝ち続ける理由
一度勝つだけでなく、勝ち続ける強い組織を作るには?
原 晋

420
知性とは何か
日本を襲う「反知性主義」に対抗する知性を身につけよ。その実践的技法を解説
作家・元外務省主任分析官
佐藤 優

415
信濃が語る古代氏族と天皇
日本の古代史の真相を解く鍵が信濃にあった。善光寺と諏訪大社の謎に迫る
歴史作家
関 裕二

495
なぜ、東大生の3人に1人が公文式なのか?
世界で最も有名な学習教室の強さの秘密と意外な弱点とは?
育児・教育ジャーナリスト
おおたとしまさ